utb 5129

W0252157

Eine Arbeitsgemeinschaft der Verlage

Böhlau Verlag · Wien · Köln · Weimar
Verlag Barbara Budrich · Opladen · Toronto
facultas · Wien
Wilhelm Fink · Paderborn
Narr Francke Attempto Verlag · Tübingen
Haupt Verlag · Bern
Verlag Julius Klinkhardt · Bad Heilbrunn
Mohr Siebeck · Tübingen
Ernst Reinhardt Verlag · München
Ferdinand Schöningh · Paderborn
Eugen Ulmer Verlag · Stuttgart
UVK Verlag · München
Vandenhoeck & Ruprecht · Göttingen
Waxmann · Münster · New York
wbv Publikation · Bielefeld

Stark fürs Studium

herausgegeben von
Helga Esselborn-Krumbiegel

Weitere Titel:

utb 4313 Nina Meister:
Die mündliche Prüfung meistern
utb 4318 Helga Esselborn-Krumbiegel:
Tipps und Tricks bei Schreibblockaden
utb 4404 Michaela Brohm:
Motiviert studieren!
utb 4857 Irene Warnecke:
Prüfungsangst bewältigen.
Ein Trainingsprogramm in sieben Schritten
utb 5011 Matthias Schwarzkopf:
Finde deinen Job! Berufseinstieg für Akademikerinnen und Akademiker
utb 5016 Edina Causevic, Carola Endemann:
Stress bewältigen – entspannt studieren
utb 5132 Linda-Maria Haffinger:
Redeangst war gestern! – Ein Übungsprogramm in 10 Schritten

HELGA ESSELBORN-KRUMBIEGEL

Die erste Hausarbeit FAQ

FERDINAND SCHÖNINGH

Die Autorin:
Helga Esselborn-Krumbiegel, Studium der Germanistik, Anglistik und Komparatistik in München, Bristol (England), Bonn und Köln. Promotion in Germanistik, Lehrtätigkeit an der Universität Köln, Ausbildung in Poesie- und Bibliotherapie. Leitet das Schreibzentrum Köln. Zahlreiche Publikationen zur Didaktik wissenschaftlichen Schreibens, zum Bildungsroman, zur Autobiographie und über Hermann Hesse.
Kontakt: www.schreibzentrum-koeln.de

Umschlagillustration: Roberto Chessa
Illustrationen: Nicholas Qyll (info@qyll.com)

Online-Angebote oder elektronische Ausgaben sind erhältlich unter
www.utb-shop.de

Bibliografische Information der Deutschen Nationalbibliothek

Die Deutsche Nationalbibliothek verzeichnet diese Publikation in der
Deutschen Nationalbibliografie; detaillierte bibliografische Daten sind im Internet
über http://dnb.d-nb.de abrufbar.

Internet: www.schoeningh.de

Herstellung: Brill Deutschland GmbH, Paderborn
Einbandgestaltung: Atelier Reichert, Stuttgart

UTB-Band-Nr: 5129
ISBN 978-3-8252-5129-1

Inhalt

1. Wie organisiere ich meinen Arbeitsprozess?

1.1 Schritt für Schritt – wie geht das?

Ihr Arbeitsprozess verläuft in 7 Schritten.

Wenn Sie diese Schritte kennen, können Sie gezielt planen. Überlegen Sie zu Beginn, wie lange Sie wahrscheinlich für jeden Arbeitsschritt brauchen werden, und teilen Sie sich Ihre Zeit entsprechend ein. Die Zeit für die einzelnen Schritte hängt natürlich von vielen unterschiedlichen Faktoren wie Vorkenntnissen, Verfügbarkeit der Literatur und Ergiebigkeit der Unterfragen ab. Als Anfänger/Anfängerin werden Sie in Ihrer Zeitkalkulation zunächst noch unsicher sein. Sobald Sie aber erste Erfahrungen gesammelt haben, steigt Ihre Planungskompetenz.

Schauen wir uns nun diese Schritte genauer an.

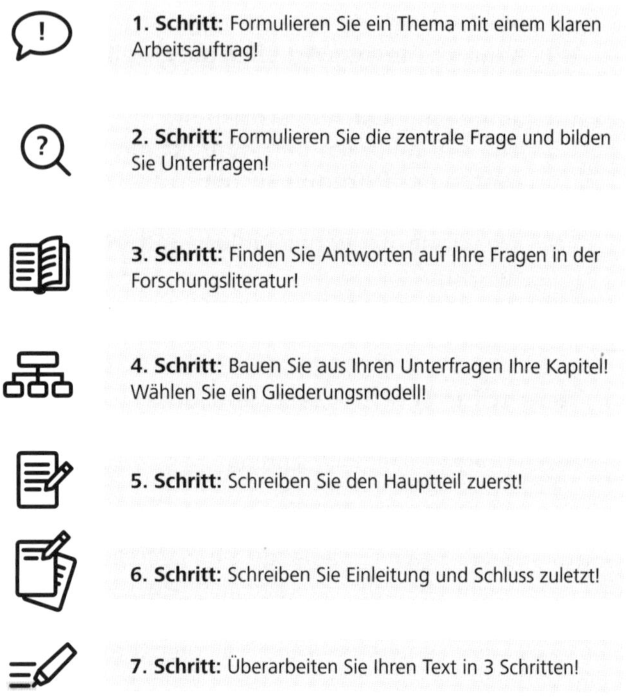

Abb. 1: 7 Schritte im Arbeitsprozess

1. Schritt

Formulieren Sie ein Thema mit einem klaren Arbeitsauftrag!

Können Sie sich aus einer Themenliste ein vorgegebenes Thema aussuchen oder müssen Sie das Thema selber vorschlagen? Wenn im Seminar eine Liste möglicher Themen vorgelegt wird und Sie sich schnell entscheiden müssen, weil jedes Thema nur wenige Male belegt werden darf, dann wählen Sie das Thema aus, dessen Arbeitsauftrag Ihnen sofort klar wird:

- Was genau soll ich in meiner Arbeit tun?
- Welche Frage soll ich wahrscheinlich beantworten?

Haben Sie mehr Zeit, um sich für ein Thema zu entscheiden, werfen Sie einen ersten Blick in die Forschungsliteratur. Wahrscheinlich hat Ihre Dozentin eine Literaturliste verteilt, aus der Sie sich ein paar Titel heraussuchen und sie möglicherweise sofort in der Institutsbibliothek anlesen können. Anlesen bedeutet: Sie sehen sich an, welche Aspekte behandelt werden, lesen Einleitung und Fazit, oder bei einem Aufsatz das Abstract und, falls vorhanden, das Fazit. So verschaffen Sie sich einen ersten Überblick über die Aspekte, die auch Sie bei dem jeweiligen Thema behandeln können/müssen. Erst dann wählen Sie das Thema, das Sie am meisten anspricht.

Wenn Sie selber ein Thema vorschlagen sollen, so haben Sie im Laufe des Seminars schon mögliche Themen kennen gelernt, weil unterschiedliche Referate zu bestimmten Aspekten gehalten wurden. Vielleicht haben Sie auch selber ein Referat gehalten? Dann prüfen Sie als erstes, welches Thema für Ihre Hausarbeit sich daraus entwickeln ließe. Es spart Zeit und Mühe, an ein Thema anzuknüpfen, mit dem Sie sich schon ein wenig beschäftigt haben.

TIPP
Bauen Sie das Thema Ihres Referats aus: Erweitern Sie Ihre Textbasis oder nehmen Sie weitere Aspekte hinzu.

Der große Vorteil dieser Themenwahl ist auch, dass Sie schon überschauen, wie viel Literatur es zu diesem Thema gibt: Ist es sehr wenig, ersparen Sie sich zwar den Leseaufwand, andererseits haben Sie aber nicht genügend Anregungen und Informationen, die Sie verwerten können. Gibt es zu viel Literatur zu Ihrem Thema, steigt die Gefahr, in der Lektüre zu ertrinken. Am leichtesten haben Sie es, wenn Sie eine mittlere Menge an einschlägigen Texten finden.

TIPP
Wählen Sie ein Thema, zu dem es nicht zu wenig, aber auch nicht zu viel Literatur gibt!

Berücksichtigen Sie also bei Ihrer Entscheidung für oder gegen ein Thema immer auch die zu bewältigende Literatur.

2. Schritt

Formulieren Sie die zentrale Frage und bilden Sie Unterfragen!

Sobald Sie sich für ein Thema entschieden haben, klopfen Sie Ihr Thema genau ab:

- Welche Begriffe kommen vor?
- Was genau bedeuten sie?
- Welcher Zusammenhang könnte zwischen diesen Begriffen bestehen?
- Was ist also genau Ihre Frage?

Besprechen Sie nun mit Ihrem Dozenten/Ihrer Dozentin Ihre zentrale Frage, um sich grünes Licht und weitere Tipps für Ihre Aufgabenstellung zu holen. Und bitte hören Sie genau auf das, was Ihr Dozent zu Ihrem Projekt sagt: Oft enthalten auch kleine Andeutungen nützliche Hinweise!

TIPP
Holen Sie sich unbedingt eine Rückmeldung auf Ihre zentrale Frage! So vermeiden Sie Missverständnisse und Irrwege.

Klären Sie vor dem Sprechstundengespräch auch die formalen Anforderungen:

- Welche formalen Vorgaben sollen Sie beachten (Layout, Zitierweise)?
- Gibt es hierzu Infos auf der Website des Instituts oder der Lehrenden?

Wenn Sie online keine Infos finden, nehmen Sie diese Fragen mit in die Sprechstunde. Klären Sie außerdem:

- Wie lang soll die Arbeit ungefähr werden?
- Wann sollen Sie die Arbeit abgeben?

Finden Sie anschließend Unterfragen, die zur Beantwortung Ihrer zentralen Frage nötig sind. Die meisten Hausarbeiten sind so angelegt, dass erst die Beantwortung verschiedener Unterfragen die Antwort auf die zentrale Frage möglich macht.

Schreiben Sie ein lockeres „Exposee"!

Skizzieren Sie in einem kurzen Text nur für sich selber den geplanten Verlauf Ihrer Arbeit: Was will ich herausfinden? Was interessiert mich an diesem Thema? Wo finde ich Informationen? Welche Unterfragen sind wichtig? Was könnte schwierig werden? Wo finde ich Unterstützung? Wie will ich vorgehen? Was könnte am Ende herauskommen?

3. Schritt

Finden Sie Antworten auf Ihre Fragen in der Forschungsliteratur!

Wenn Sie Ihr Thema selber gefunden haben, dann haben Sie schon einen ersten Überblick über die Forschung gewonnen (vgl. Kap. 2) Als Nächstes suchen Sie gezielt diejenige Forschungsliteratur, die Ihre zentrale Frage oder Ihre Unterfragen beantwortet (vgl. Kap. 3).

Sobald Sie hinreichend Material gefunden haben, bringen Sie eine erste vorläufige Ordnung in diese Bücher/Aufsätze (vgl. Kap. 3). Legen Sie fest, welche Literatur für Sie am wichtigsten ist und lesen Sie diese zuerst. Schreiben Sie sich die zentralen Informationen heraus und ordnen Sie alle Aussagen, die Sie in der Forschung finden, Ihrer geplanten Arbeit zu (vgl. Kap. 3). Entscheiden Sie danach, ob Sie die weniger wichtigen Texte überhaupt noch lesen wollen/müssen. Das hängt davon ab, wie viele brauchbare Informationen/Aussagen Sie bereits in den ersten Beiträgen gefunden haben und ein wenig auch davon, wie weit Sie im Rahmen Ihres Zeitbudgets bei den einzelnen Aspekten in die Tiefe gehen können.

TIPP
Ordnen Sie alle Informationen aus der Literatur sofort den Kapiteln Ihrer geplanten Arbeit zu! So behalten Sie den Überblick.

Sobald Sie für jeden Unterpunkt genug Material zusammengetragen und ausgewertet haben, überprüfen Sie, ob Sie nun Antworten auf Ihre Unterfragen geben können. Diese Antworten sind Ihre Hypothesen, die Sie später in Ihrer Arbeit vertreten und belegen werden (vgl. Kap. 5).

TIPP
Formulieren Sie vor dem Schreiben der Rohfassung bereits die Antworten auf Ihre Fragen! So stellen Sie sicher, dass Ihre Arbeit einen roten Faden hat.

In einer ersten Hausarbeit müssen die Hypothesen keine neuen Erkenntnisse formulieren. Es genügt, die vorhandene Literatur auf Ihre Fragestellung hin auszuwerten und darzustellen.

4. Schritt

Bauen Sie aus Ihren Unterfragen Ihre Kapitel!

Prüfen Sie nun, ob Ihre Unterfragen als Grundlage für Ihre Kapitel taugen, indem Sie für jede Unterfrage ein Kapitel vorsehen. Dann müssen Sie die Frage nur noch in eine nominale Formulierung umwandeln.

Bei dem Thema „Die Situation von Scheidungskindern" haben Sie z.B. folgende Fragen entwickelt:

Beispiel
- Wie ändern sich Strukturen und Verhaltensregeln im veränderten Familiensystem?
- Wie können Eltern ihre Kinder durch aktive Zusammenarbeit bei der Bewältigung der Scheidung unterstützen?

Formulieren Sie nun diese Fragen in Kapitelüberschriften um.

Beispiel
- Die Reorganisation der Familie
- Elterliche Kooperation nach der Scheidung

Mitunter findet sich zu einer Unterfrage besonders viel Material, so dass Sie beschließen, aus einem Kapitel lieber zwei zu machen. Dann ändert sich natürlich der Schwerpunkt und entsprechend die Unterfrage bzw. die Kapitelüberschrift.

Nehmen wir an, Sie haben besonders viel Material zu der Frage „Wie ändern sich Strukturen und Verhaltensregeln im veränderten Familiensystem?" gefunden. Dann könnten Sie aus einem Kapitel zwei machen:

Beispiel
- Die Reorganisation des Familienalltags
- Die Neuordnung sozialer Beziehungen

Ebenso finden Sie vielleicht zu einer Unterfrage nur wenig Material. Dann prüfen Sie, ob Sie diese Frage mit einer ähnlichen Unterfrage zusammen in einem Kapitel behandeln können. Entsprechend ändern sich auch hier Frage und Kapitelüberschrift.

Nehmen wir an, Sie haben zu zwei Fragen jeweils ein eigenes Kapitel geplant:

Beispiel
- Wie kann die Schule Kinder bei der Bewältigung der Scheidung unterstützen?
- Wie können Freunde und Verwandte Scheidungskinder aktiv unterstützen?

Wenn Sie zu einer der beiden Fragen nicht hinreichend viele Antworten finden, legen Sie die beiden Aspekte zusammen und formulieren Sie eine neue Kapitelüberschrift.

Beispiel
Aktive Unterstützung von Scheidungskindern durch das soziale Umfeld

Wählen Sie ein Gliederungsmodell!

Jetzt fehlt Ihnen nur noch eine brauchbare Gliederung. Probieren Sie eventuell verschiedene Gliederungsmodelle aus (vgl. Kap. 4) und entscheiden Sie sich für dasjenige, in dem sich Ihr Inhalt am leichtesten darstellen lässt.

5. Schritt

Schreiben Sie den Hauptteil zuerst!

Beginnen Sie jetzt mit der Rohfassung, dem ersten Entwurf Ihrer Arbeit. Fangen Sie immer mit dem Hauptteil an! Am ökonomischsten ist es, direkt mit dem ersten Kapitel zu beginnen, weil sich so der Zusammenhang der einzelnen Kapitel am leichtesten überblicken lässt. Wenn Ihnen aber gerade das erste Kapitel besonders schwerfällt – weil es dort z.B. darum geht, eine komplizierte Theorie zu erklären –, können Sie auch mit dem Kapitel beginnen, das sich am leichtesten schreiben lässt.

TIPP
Beginnen Sie mit dem Kapitel, das Ihnen am leichtesten fällt!

Wenn Sie nicht mit dem ersten Kapitel des Hauptteils beginnen, formulieren Sie vorläufig noch keine Überleitungen zwischen den Kapiteln. Sie können nämlich den roten Faden erst später klar herausarbeiten, wenn alle Kapitel in der richtigen Reihenfolge vorliegen (vgl. Kap. 4).

Erste Hausarbeiten haben in der Regel nicht mehr als 12 oder 15 Seiten. Entsprechend eng muss auch das Thema formuliert werden (vgl. Kap. 2).

6. Schritt

Schreiben Sie Einleitung und Schluss zuletzt!

Erst wenn Sie den Hauptteil geschrieben haben, können Sie ganz genau sagen, wie Sie tatsächlich vorgegangen sind und welche Erkenntnisse Sie gewonnen haben. Legen Sie Einleitung und Schluss wie eine Klammer um den Hauptteil (vgl. Kap. 6 und 7).

7. Schritt

Überarbeiten Sie Ihren Text in 3 Schritten!

1. Inhalt

Wenn Sie die erste Fassung Ihrer Hausarbeit geschrieben haben, überarbeiten Sie den Text zunächst nur nach inhaltlichen Gesichtspunkten: Füllen Sie Lücken, überprüfen Sie die Argumentation, arbeiten Sie Zitate und Beispiele ein.
Es ist hilfreich, wenn Sie Ihren Text ausdrucken und ihn an einem Ort lesen, an dem Sie sonst nicht arbeiten. So gewinnen Sie ein wenig Distanz zum eigenen Text und entdecken leichter die Schwächen, aber auch die Stärken Ihrer Arbeit.

Studierende holen sich gern Rückmeldung von anderen. Allerdings nutzen Aussagen wie „Wie findest du das?“ oder „Sag mal deine Meinung“ weder Ihnen noch Ihrem Testleser.

Geben Sie Ihrem Testleser einen präzisen Arbeitsauftrag!

Sagen Sie Ihrem Testleser genau, welche Rückmeldung Sie sich erwarten:

„Sag mir, wo du meine Argumentation nicht sofort verstanden hast.“
Oder:
„Erkläre mal, worum es deiner Meinung nach in meiner Arbeit geht.“
Oder:
„Beschreibe mal in deinen Worten die Ergebnisse meiner Arbeit.“

Mit einem konkreten Arbeitsauftrag kann Ihr Testleser sich besser auf die Elemente konzentrieren, die Ihnen wichtig sind, und Sie bekommen so eine brauchbare Rückmeldung.

2. Sprache

Erst nach der inhaltlichen Überarbeitung achten Sie in einem eigenen Durchgang auf Formulierungen, Begriffe und Textfluss (vgl. Kap. 8).

3. Formalien

In einem dritten Durchgang korrigieren Sie Grammatik, Rechtschreibung und Zeichensetzung. Vielleicht bitten Sie auch einen Freund/eine Freundin, Ihren Text zu korrigieren. Zum

Schluss überprüfen Sie Abbildungen und Layout und drucken Ihre Arbeit einseitig aus.

1.2 Wie viel Zeit soll ich für jeden Schritt einplanen?

Um einen realistischen Zeitplan zu erstellen, müssen Sie die gesamte zur Verfügung stehende Zeit überblicken.

Setzen Sie sich eine Deadline!

Wenn Ihr Dozent/Ihre Dozentin keinen verbindlichen Abgabetermin genannt hat, setzen Sie sich selber eine Deadline. Mit einem festen Zeitbudget und einem systematischen Arbeitsplan werden Sie konzentrierter planen, lesen, schreiben.

Teilen Sie die zur Verfügung stehende Zeit in 3 Blöcke: Die Hälfte der Zeit (Block 1) planen Sie ein, um Ihr Thema festzulegen, Literatur zu recherchieren und auszuwerten und eine Struktur für die Arbeit zu finden. Ein Drittel der Zeit (Block 2) nehmen Sie sich für die Rohfassung. Ein Sechstel der Zeit (Block 3) gilt der Überarbeitung.

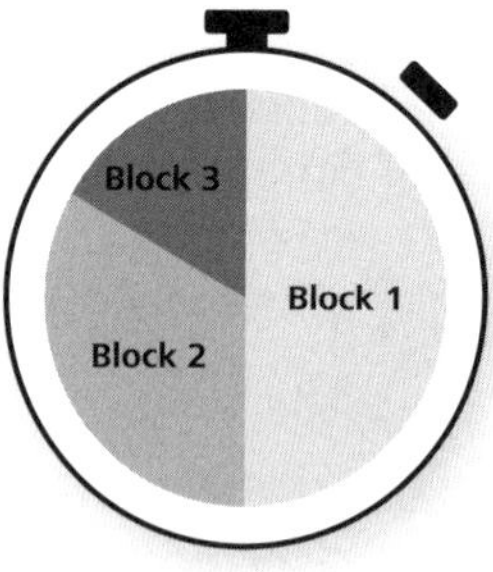

Abb. 2: Zeitplan einer wissenschaftlichen Arbeit

Wenn Sie z.B. 18 Arbeitstage zur Verfügung haben, verwenden Sie 9 Tage für Block 1, 6 Tage für Block 2 und 3 Tage für Block 3. Der erste Block ist besonders lang, weil wir davon ausgehen, dass Sie bislang noch keine Kenntnisse über das Themengebiet haben, in dem Sie schreiben wollen. Je mehr Vorkenntnisse Sie haben, umso kürzer können Sie diese Phase ansetzen. In Block 3 ist noch ein wenig Pufferzeit eingerechnet, falls Sie einmal absolut keine Lust zum Schreiben haben und dringend eine kurze Auszeit brauchen.

Bei dieser Zeitplanung ist es ganz wichtig, dass Sie unbedingt nach der Hälfte der Zeit mit dem Schreiben anfangen, auch wenn Sie noch nicht alle Forschungstexte lesen konnten, die Sie für relevant halten.

TIPP
Beginnen Sie unbedingt auf der Hälfte der Zeitstrecke mit dem Schreiben!

Da Sie sowieso nicht den ganzen Tag lang schreiben werden, bleibt noch genügend Zeit für begleitendes Lesen. Vielleicht gibt es auch Texte, die Sie speziell nur für ein bestimmtes späteres Kapitel brauchen. Dann bietet es sich an, diese Texte erst während des Schreibens zu lesen.

Planen Sie Pausen ein!

Planen Sie anhand Ihres Kalenders konkrete Arbeitszeiten für Ihr Projekt und vergessen Sie die Pausen nicht. Pausen erhöhen unsere Konzentrationsfähigkeit und damit die Leistungsfähigkeit. Meistens lässt Ihre Konzentration beim Schreiben nämlich nach ungefähr 40 Minuten erkennbar nach. Dann ist es Zeit für eine kleine Abwechslung: Spazierengehen, Musik, Entspannung … Mit regelmäßigen Pausen können Sie erfahrungsgemäß maximal 4 Stunden am Tag schreiben, am besten morgens 2 Stunden und nach einer längeren Mittagspause noch einmal 2 Stunden am Nachmittag, jeweils unterbrochen von kleineren Pausen. In dieser Zeit entstehen ungefähr 2 Seiten im Computer. Natürlich gibt es langsamere und schnellere Schreiber, einfachere und schwierigere Texte – alle Angaben zu Arbeitszeiten und Schreibergebnissen sind durchschnittliche Erfahrungswerte, an denen Sie sich orientieren können.

Sorgen Sie für einen guten Schreibstart!

Achten Sie besonders auf die ersten 20 Minuten Ihrer Arbeitssession: Wenn Ihnen ein guter Start gelingt, stellt sich der Schreibflow oft von selbst ein. Legen Sie ein Ritual fest, das Ihnen signalisiert, dass jetzt Schreiben angesagt ist: Malen Sie ein Dreiminutenbild, entwerfen Sie einen Minitext zu einem beliebigen Thema ohne auf Rechtschreibung, Grammatik und Stil zu achten, bewegen Sie sich zu Musik spielerisch im Raum. Wiederholen Sie dieses Ritual bei jedem Schreibbeginn. Es wird schnell zur Gewohnheit werden und den Einstieg erleichtern.

Ziehen Sie regelmäßig Bilanz!

Ziehen Sie am Ende jedes Tages Bilanz: Was habe ich erreicht? Was nicht? Woran könnte das liegen? Was will ich dagegen tun? Und belohnen Sie sich für jede erfolgreiche Arbeitsetappe! Um Ihre Motivation aufrechtzuerhalten, ist es notwendig, sich Ihre Erfolge deutlich vor Augen zu führen! Führen Sie eine Liste Ihrer Erfolge – vielleicht auf einem schönen bunten Blatt Papier –, eine Liste, die täglich länger wird. Und hängen Sie diese Liste über Ihren Arbeitsplatz.

1.3 Kann ich mehrere Arbeiten gleichzeitig schreiben?

Im Bachelorstudium kommen Sie oft in die Lage, dass Sie unter Zeitdruck mehrere Hausarbeiten in kurzer Zeit, z.B. innerhalb eines Semesters, schreiben müssen.

Schreiben Sie verschiedene Arbeiten möglichst nacheinander!

Versuchen Sie, die Arbeiten so zu takten, dass Sie eine nach der anderen schreiben können. Sprechen Sie gegebenenfalls mit Ihren Dozenten/Dozentinnen über alternative Abgabetermine. Die meisten Lehrenden kennen den Arbeitsdruck im Bachelorstudium und reagieren kooperativ.

Recherchieren und lesen können Sie allerdings durchaus für mehrere Themen gleichzeitig, indem Sie z.B. morgens das eine und nachmittags ein ganz anderes Thema vorbereiten. Nur das Schreiben selber gelingt am besten, wenn man Arbeit für Arbeit nacheinander – mit mindestens einem freien Tag dazwischen! – niederschreibt. Beim Schreiben kommt es nämlich darauf an, in einen gedanklichen Fluss zu kommen, und sich intensiv auf *ein* Thema zu konzentrieren.

Wenn Ihr Zeitbudget es aber gar nicht zulässt, dass Sie Ihre Arbeiten nacheinander schreiben – weil Sie sich z.B. erst spät für ein Thema entschieden haben oder weil die nötige Literatur besonders schwer zu beschaffen war – dann reservieren Sie bestimmte Wochentage für die eine und andere Wochentage für die andere Arbeit. Wichtig ist in jedem Fall, dass Sie möglichst viel Zeit zwischen die einzelnen Schreibblöcke legen und die unterschiedlichen Themen klar voneinander trennen.

1.4 Sollte ich jeden Tag schreiben?

Wenn es von Ihrer Arbeitsbelastung her machbar ist, wäre es am besten, an jedem Arbeitstag ein kleines Stück an Ihrer Arbeit weiterzuschreiben.

Schreiben Sie regelmäßig!

Bereiten Sie schon am Vorabend – oder wann immer Sie eine Schreibsession beenden – das Pensum des Folgetages vor: Notieren Sie in einem kleinen Arbeitsauftrag, welche Unterpunkte Sie als nächste schreiben wollen. Diese Unterpunkte sollten inhaltlich möglichst präzise benannt werden. Wenn Sie z.B. das Thema „Zuschauermanipulation durch Computeranimationen in Fernsehnachrichten" gewählt haben, könnte ein Arbeitsauftrag lauten: „Zuschauermanipulation definieren", ein anderer „Formen der Computeranimationen erklären". Mit einem konkreten Arbeitsauftrag wissen Sie am nächsten Tag genau, was Sie zu schreiben haben.

Setzen Sie sich ein Zeitlimit!

Legen Sie sich das Material, das Sie am nächsten Tag benötigen, bereit und kalkulieren Sie, wie lange Sie ungefähr für das geplante Textstück brauchen werden. Der konkrete Arbeitsauftrag schützt Sie vor langwierigem, nutzlosem Hin- und Herüberlegen, was denn nun als Nächstes drankommen sollte, und gibt Ihnen stattdessen eine Orientierung für die nächsten Schreibschritte vor. Ein vorgegebenes Zeitbudget erhöht dazu erfahrungsgemäß Ihre Konzentration.

Wenn es für Sie organisatorisch unmöglich ist, wirklich an jedem Tag zu schreiben, dann planen Sie wenigstens jeden zweiten Tag eine kleine Zeiteinheit fürs Schreiben ein. Es geht darum, gedanklich im Thema zu bleiben und sich vom positiven Schub des eigenen erfolgreichen Schreibens von einer Schreibsession zur nächsten tragen zu lassen.

TIPP
Schreiben Sie möglichst immer zur gleichen Tageszeit! So bauen Sie eine hilfreiche Routine auf.

Egal ob Sie jeden Tag schreiben oder nur jeden zweiten, versuchen Sie, möglichst immer zur gleichen Uhrzeit am Computer zu sitzen: Regelmäßigkeit unterstützt Ihre Arbeitsbereitschaft und Ihr Konzentrationsvermögen.

Gönnen Sie sich einen freien Tag!

Wenn trotz guter Organisation einmal gar nichts mehr geht, nehmen Sie einen freien Tag. Sperren Sie Ihren inneren Kritiker aus, genießen Sie den Tag – danach kehren Sie gestärkt an die Arbeit zurück.

1.5 Wie oft sollte ich den Kontakt mit dem Dozenten/der Dozentin suchen?

Studierende fragen sich oft, wie häufig sie in die Sprechstunde ihres Dozenten/ihrer Dozentin gehen sollen: oft, um Interesse zu zeigen? Selten, um nicht zu nerven?

Zwei klärende Sprechstundengespräche genügen!

Suchen Sie im Zuge Ihrer Arbeit mindestens zwei Mal den Kontakt zu Ihren Lehrenden: In der ersten Sprechstunde sprechen Sie das Thema genau ab, legen Ihrem Dozenten eine vorläufige Literaturliste vor und fragen nach weiteren Literaturempfehlungen. Vielleicht können Sie, wenn Sie etwas Vorlaufzeit hatten, auch bereits erläutern, um welche zentrale Frage es nach Ihrer Ansicht geht. So können Ihre Lehrenden sehen, ob Sie das Thema richtig verstanden haben und es sinnvoll bearbeiten werden.

In der zweiten Sprechstunde erklären Sie, wie Sie die Arbeit gliedern wollen. Sie können Ihren Dozenten als Vorbereitung auf die Sprechstunde auch bereits Ihre Gliederung und Fragen per E-Mail zukommen lassen. Anhand der Gliederung kann Ihre Dozentin erkennen, ob Sie eine klare Struktur für Ihre Arbeit gefunden und die einzelnen Aspekte passend gewichtet haben. Wenn die Lehrenden im Zuge Ihrer Arbeit einen häufigeren Kontakt für nötig halten, werden Sie Ihnen das sagen. Erfahrungsgemäß genügen aber zwei klärende Gespräche.

1.6 Wann genau ist die Arbeit fertig?

Oft hat man das Gefühl, dass die Arbeit eigentlich nie wirklich fertig ist, weil sich immer noch Literatur finden lässt, interessante Nebenaspekte auftauchen und Formulierungen eleganter gelingen könnten. Setzen Sie sich selber ein deutliches Stop!

Fertig ist Ihre Arbeit, wenn Sie die Fragen beantwortet haben!

Sobald Sie Ihre Unterfragen beantwortet und durch Forschung belegt haben, können Sie Ihre zentrale Frage klar beantworten. Zum besseren Verständnis unterfüttern Sie Ihren Text noch mit Beispielen. Um die Argumente durch einen roten Faden zu verbinden, brauchen Sie außerdem eine überzeugende Reihenfolge Ihrer Behauptungen und Kapitel (vgl. Kap. 5). Wenn Ihnen das gelungen ist, ist Ihre Arbeit im ersten Entwurf fertig. Danach geht es an Überarbeitung, Feinschliff und formale Korrektur.

Nach diesen Kriterien wird Ihre Arbeit bewertet:

Natürlich fragen Sie sich auch, nach welchen Kriterien Ihre Arbeit bewertet wird.

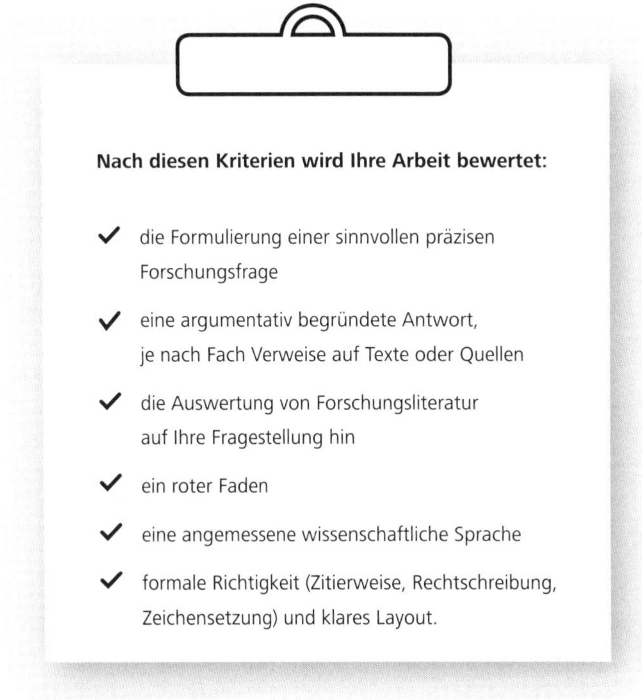

Abb. 3: Bewertungskriterien einer Hausarbeit

Die Formalien gewichten Dozenten und Dozentinnen oft unterschiedlich. Einige legen z.B. großen Wert auf korrekte Zeichensetzung, andere sehen über den einen oder anderen Kommafehler großzügig hinweg.

1.7 Was kann ich gegen Unlust und Überforderung tun?

Nehmen Sie sich ein bisschen Zeit, um in angenehmer Umgebung, vielleicht mit einem warmen Kakao, über Ihr Thema nachzudenken.

Gewinnen Sie einen Fan!

Überlegen Sie, wie Sie einen Freund/eine Freundin für Ihr Thema gewinnen könnten: Was ist neu daran? Was ist spannend? Gibt es vielleicht einen aktuellen Bezug? Was könnte man mit den Ergebnissen anfangen? Vielleicht gehen Sie auch gemeinsam ins Café und erörtern zusammen das Für und Wider Ihres Themas. Im konkreten Gespräch entfalten sich die Gedanken oft viel freier als im stummen Selbstgespräch.

Nehmen wir an, Sie möchten das Thema „Tattoos in Deutschland: Akzeptanz oder Exklusion?" bearbeiten.

Beispiel
Thema „Tattoos in Deutschland: Akzeptanz oder Exklusion?"

- Was ist neu?

Bisher gab es hauptsächlich Untersuchungen zur Motivation der Tätowierten. Ich möchte aber nach der Reaktion der Umwelt fragen. Damit hat sich noch kaum eine Studie auseinandergesetzt, es gibt aber in jeder Untersuchung Hinweise darauf.

- Was ist spannend?

Ich vermute, dass der Widerspruch zwischen der Akzeptanz innerhalb der eigenen Community und der weitreichenden Ablehnung im sozialen Umfeld Konsequenzen für die Tätowierten hat. Mich interessiert, welche es sind und wie sie damit umgehen.

- Gibt es einen aktuellen Bezug?

Tattoos nehmen in Deutschland sichtbar zu. Deshalb muss man fragen, wie denn die Umwelt auf diese „Mode" reagiert.

- Was könnte man mit den Ergebnissen anfangen?

Tattoos sind ein soziales Phänomen. Deshalb sagt es etwas über eine Gesellschaft aus, wie sie mit den Tätowierten umgeht. Die Ergebnisse könnten dazu beitragen, Vorurteile abzubauen.

Wenn Sie interessante Aspekte Ihres Themas entdeckt haben, überlegen Sie, mit welchem konkreten Schritt Sie anfangen wollen und wann.

Planen Sie in kleinen Schritten!

Eine Planung in kleinen Schritten gibt Ihnen das gute Gefühl, zu jeder Zeit die Kontrolle über Ihr Projekt zu haben und nicht bloß auf Anforderungen von außen reagieren zu müssen. Zusätzlich steigert die Planung in kleinen Schritten auch Ihre Motivation: Indem Sie sich überschaubare Aufgaben stellen, die kurzfristig zu erledigen sind, machen Sie die Erfahrung, in absehbarer Zeit zum Ziel zu gelangen. Solche positiven Erfahrungen aber verstärken ihrerseits die Motivation.

Bei der Zeitplanung ist es allerdings wichtig, alle anstehenden Aufgaben zu überblicken, um das Chaos im Kopf zu entwirren: Schreiben Sie eine Liste aller Dinge, die Sie in nächster Zeit tun müssen/wollen: Organisation, Studium, Freizeit. Aufgaben, die auf Ihrer To-do-Liste festgehalten sind, stören nicht länger Ihre Konzentration.

Dann legen Sie fest, was davon Sie in der kommenden Woche erledigen wollen und wann. Markieren Sie außerdem, welche Aufgaben Vorrang haben. Beginnen Sie dann jeden Tag mit einer Aufgabe, die auf Ihrer Liste eine hohe Priorität hat, also besonders wichtig ist. Das kann während des Schreibprozesses z.B. Ihre Hausarbeit sein. So starten Sie den Tag mit dem guten Gefühl, schon einen wesentlichen Teil Ihrer Aufgaben in Angriff genommen zu haben.

TIPP
Schreiben Sie eine To-do-Liste für jeden Tag. Hängen Sie sie gut sichtbar auf. Beginnen Sie dann den Tag mit einer Arbeit hoher Priorität! Wenn Sie eine Aufgabe erledigt haben, streichen Sie sie mit einem dicken Filzstift durch!

Um Ihren Zeitplan fürs wissenschaftliche Schreiben möglichst realistisch zu kalkulieren, sollten Sie Ihr Arbeitsverhalten zunächst einige Tage lang in einer Art Arbeitstagebuch protokollieren, um zu sehen, ob Sie einigermaßen zutreffend geplant haben.

Planen Sie realistisch!

Meistens nimmt man sich am Anfang viel zu viel vor und lernt erst im Laufe der Zeit, die Anforderungen passend einzuschätzen. Tragen Sie zunächst in Ihrem Kalender – im PC, auf dem Smartphone oder in einem Heft – alle Termine für jeweils eine Woche ein, die Sie unbedingt wahrnehmen müssen, und sehen Sie dann zu, welche Zeiten zum Vor- und Nachbereiten von Vorlesungen und Seminaren, zum Lernen und für das Schreiben Ihrer Arbeit übrig bleiben. Tragen Sie feste Zeitfenster für bestimmte Studienaufgaben ein.

TIPP
Nehmen Sie sich am Anfang eher weniger vor als mehr, um in jedem Fall ein Erfolgserlebnis zu haben. Wenn Ihre Zeitplanung gut funktioniert, können Sie Ihr Tempo langsam steigern.

Wenn Sie mit einem eher kleinen Arbeitsauftrag beginnen, vermeiden Sie auch die ständige Unzufriedenheit mit dem eigenen Arbeitstempo. Mit einem realistischen Arbeitsplan und einer machbaren Zeitkalkulation sind Sie also zunächst auf der sicheren Seite.

Dann aber schlägt der Alltag zu: Die Druckerpatrone ist plötzlich leer, die Fernleihe ist nicht rechtzeitig gekommen, die Freundin ruft an und schon sind 45 Minuten vorbei …

Planen Sie Pufferzeit ein!

Planen Sie unbedingt auch Zeiten für Unvorhersehbares, für Organisation und Freizeit in Ihren Tagesablauf ein und ändern Sie Ihren Arbeitsplan, wenn nötig, ein wenig ab. Die Druckerpatrone können Sie gut nach dem Mittagessen kaufen, wenn Ihre Konzentration sowieso gerade im Keller ist. Statt auf die Fernleihe zu warten, schreiben Sie einfach an einer anderen Stelle der Arbeit weiter. Mit der Freundin verabreden Sie sich zu einem späteren Termin für ein ausführliches Gespräch am Feierabend.

Freizeit und Zeit für Unerwartetes sind lebenswichtig!

Sobald es Ihnen gelingt, Ihrem Arbeitsplan im Großen und Ganzen zu folgen, sobald Sie sozusagen selber Regie führen, schwindet auch das Gefühl der Überforderung. Mitunter entspricht das Gefühl der Überforderung auch gar nicht den Tatsachen: Hausarbeiten müssen nicht immer punktgenau abgeliefert werden, Seminararbeiten dürfen auch mal kürzer sein als gedacht, die Regelstudienzeit ist eine Orientierungsmarke, eine begründet längere Studienzeit ist durchaus vertretbar.

Oftmals lauert hinter dem Gefühl der Überforderung aber auch der eigene Perfektionismus:

Bereits die erste Hausarbeit soll möglichst eine 1,0 werden, die Lehrenden beeindrucken und Ihre Fähigkeiten in bestem Licht erscheinen lassen. – Vergessen Sie es!

Machen Sie sich stattdessen klar, dass die erste Hausarbeit zum Üben und Lernen da ist. Die Erfahrungen, die Sie dabei machen, bereiten Sie gut auf spätere Arbeiten und schließlich auf die Bachelorarbeit vor.

1.8 Wie vermeide ich Zeitdruck?

Wenn Sie feststellen, dass Sie trotz eines realistischen Zeitplans einfach nicht vorankommen, machen Sie zuerst einmal eine Liste Ihrer Zeitfresser.

Spüren Sie Ihre Zeitfresser auf!

Abb. 4: Meine Zeitfresser

Protokollieren Sie zwei Tage lang sämtliche Aktivitäten. Nur so kommen Sie Ihren Zeitfressern auf die Spur: E-Mails, Surfen, Chatten, Fernsehen, Plaudern, Rumhängen, Kaffeetrinken, Informationen suchen …

Was genau sind *Ihre* Zeitfresser?

Wenn Sie eine Liste angelegt haben, entwickeln Sie zunächst eine Strategie gegen nur *einen* von vielen Zeitfressern. Das nächste Mal, wenn Sie, sagen wir, mitten im Schreiben schnell mal Ihre E-Mails checken wollen, schalten Sie Ihr Smartphone aus und deaktivieren Sie die Internetverbindung auf Ihrem PC. Wenn Sie diese simple Strategie einige Tage lang erfolgreich eingesetzt haben, gehen Sie den nächsten Zeitfresser an.

TIPP
Unterhalten Sie sich hin und wieder mit anderen Studierenden, um zu erfahren, wie sie ihre Zeitfresser besiegen.

Nicht alle Zeitfresser lassen sich dauerhaft besiegen, es genügt, wenn Sie einige ausschalten!

Fangen Sie früh an zu schreiben!

Zeitdruck vermeiden Sie auch, indem Sie früh anfangen zu schreiben. Früh bedeutet hier: sobald Sie Antworten auf Ihre Fragen gefunden und eine Gliederung entworfen haben. Dann schreiben Sie am besten zunächst einmal Ihren Text nur mit Hilfe Ihrer Notizen nieder und schauen nur in Ausnahmefällen nochmals in der Forschungsliteratur nach.

Erst wenn der Rohtext steht, suchen Sie Zitate und Beispiele aus der Forschungsliteratur heraus und verifizieren in Einzelfällen nochmals Ihre Behauptungen. Auf diese Weise schützen Sie sich vor dem Gefühl, den Wald vor lauter Bäumen nicht mehr zu sehen, weil Ihnen die Forschung ausufernd und unüberschaubar erscheint.

Aktivieren Sie Plan B!

Wenn alle guten Tipps versagen, Sie aber die Arbeit unbedingt schon sehr bald abgeben müssen, überlegen Sie, wo Sie Abstriche machen könnten:

- Können Sie statt 4 Texte auch nur 3 behandeln?
- Können Sie auf einige Quellen verzichten, sie nur anführen, aber nicht ausführlich bearbeiten?
- Können Sie einen Aspekt vernachlässigen, ihn zwar nennen, aber nicht ausführen?
- Genügt es bei einem sehr umfangreichen Buch vielleicht auch einmal, nur eine Rezension zu lesen, die Ihnen die wichtigsten Ergebnisse liefert?

Nachdem wir in diesem Kapitel den gesamten Arbeitsprozess mit seinen Höhen und Tiefen beleuchtet haben, klären wir im 2. Kapitel die Themensuche.

2. Wie finde ich ein Thema?

2.1 Wie gehe ich bei der Themensuche vor?

In Kap. 1.1 wurde empfohlen, dass Sie am besten an ein Thema anknüpfen sollten, über das Sie bereits ein Referat gehalten haben. Meistens gibt es dann im Seminar auch schon eine Literaturliste, an der Sie sich orientieren können.

Wählen Sie eine Frage als Thema!

Wenn Sie kein Referat gehalten haben und es auch keine Vorschlagsliste für Hausarbeiten gibt, lesen Sie zwei oder drei aktuelle Aufsätze zu Ihrem Themengebiet an (vgl. Kap. 1.1) und wählen Sie einen Aspekt aus, der Sie interessiert und den Sie in eine klare Frage fassen können.

Sehen wir uns ein Beispiel an.

Beispiel
Sie interessieren sich für das Themengebiet „Computeranimationen". In der einführenden Literatur finden Sie Hinweise auf Computeranimationen im Film, in der Werbung, in den Nachrichten. Sie entscheiden sich dafür, dem Einsatz von Computeranimationen in den Nachrichten nachzugehen. Eine vertiefte Lektüre bringt Sie zu der Frage: „Wie können Computeranimationen in Nachrichten zur Manipulation des Zuschauers führen?"

Ihr Thema formulieren Sie anschließend nicht als Frage, sondern nominal: „Zuschauermanipulation durch Computeranimationen".

Sammeln Sie Ideen zum Thema – immer und überall!

Legen Sie eine Liste mit Ideen zu Ihrem Thema an. Führen Sie während dieser Suchphase immer ein Blatt Papier und einen Stift mit sich oder machen Sie sich Notizen in Ihrem Smartphone. Ideen kommen oft ungefragt gerade dann, wenn man nicht krampfhaft nach Einfällen sucht.

Entwerfen Sie ein Cluster!

Ein Cluster ist ein Ideennetz, das von einem Impuls im Zentrum ausgeht und sich assoziativ in alle Richtungen ausbreitet. Notieren Sie Ihre Einfälle am besten handschriftlich auf einem großen Blatt Papier (Querformat), auf dem die Gedanken ungehindert ausschwärmen können. Erst danach prüfen Sie, welche Ideen Sie aufgreifen, welche Sie verwerfen möchten.

Probieren Sie diese Technik gleich aus. Es kostet Sie nicht mehr als 10 Minuten, spart Ihnen später aber Stunden erfolglosen Grübelns. Wenn Sie noch keine Erfahrung mit dieser Technik

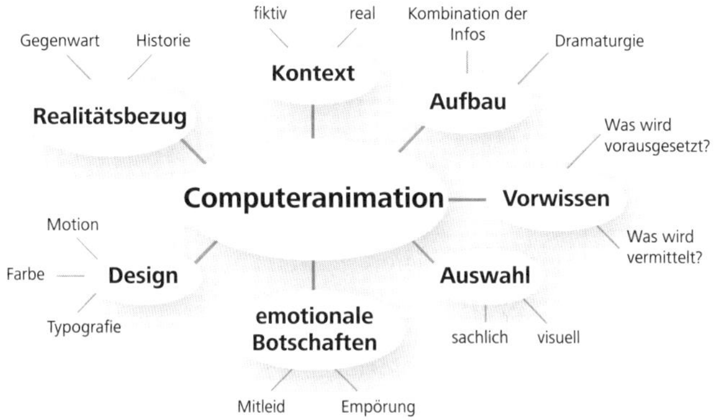

Abb. 5: Cluster zum Thema „Computeranimationen in Nachrichten"

haben, versuchen Sie sich zunächst an einem ganz allgemeinen Thema, um einfach erst einmal mit der Methode vertraut zu werden.

PROBIEREN SIE ES AUS!
Setzen Sie das Wort „Apfel" in einen Kreis in die Mitte Ihres Blattes. Folgen Sie davon ausgehend zunächst einem Einfall mit all seinen Verzweigungen. Sobald der Impuls einer Idee erschöpft ist, beginnen Sie an einer anderen Stelle des Clusters, wiederum ausgehend vom Zentrum. Notieren Sie ohne Zensur alle Ideen nach dem Schema in Abbildung 5. Die Zuordnung der Ideen ergibt sich intuitiv, sie muss keiner logischen Ordnung folgen. Clustern Sie nicht mehr als 4 Minuten. Dann schauen Sie, wie viele Ideen Sie zu welchen Ideenkernen hervorgelockt haben.

Clustern Sie zunächst hin und wieder zu Alltagsthemen und nehmen Sie sich erst dann wissenschaftliche Themen vor.

Führen Sie einen Dialog mit sich selber!

Im Anschluss an das Clustern können Sie einen Pro- und Kontra-Dialog mit sich selber führen. Überlegen Sie, welche Antwort Sie auf Ihre zentrale Frage geben würden. Eine solche vorläufige Hypothese (= die Antwort auf Ihre Frage) haben Sie bereits im Laufe Ihrer Forschungslektüre gebildet, Sie müssen sie jetzt nur noch formulieren. Prüfen Sie, was für und was gegen Ihre Hypothese sprechen könnte. Listen Sie Ihre Argumente auf und überprüfen Sie, wie überzeugend sie sind. Auf diese Weise gewinnen Sie einen sicheren Eindruck, wie ergiebig Ihre Fragestellung ist.

Ihr Thema könnte z.B. lauten: „Der dritte Bildungsweg – studieren ohne Abitur“. Ihre zentrale Hypothese lautet: „Berufsausbildung und Abitur sind gleichwertige Zugänge zum Studium“.

Nach dem Clustern könnten Sie den folgenden Dialog führen.

Beispiel

Studieren ohne Abitur

pro	kontra
Erfahrungen in Selbstorganisation	Lernen verlernt
Höhere Motivation	Fehlende Kompetenzen
Steigerung der Absolventenzahlen	Integration schwierig

Jetzt sind Sie dran.

PROBIEREN SIE ES AUS!
Führen Sie zu einem alltäglichen Thema einen kurzen Dialog. Leiten Sie daraus eine Hypothese ab. Diese Übung hilft Ihnen, gegensätzliche Argumente zu entwickeln und Ihre Argumente auf den Punkt zu bringen.

Wenn Sie bereits sicher sind, dass Ihre Fragestellung hinreichende Ergebnisse liefert, können Sie diesen Pro- und Kontra-Dialog auch erst zu einem späteren Zeitpunkt im Arbeitsprozess führen (vgl. Kap. 5).

Erklären Sie Ihr Thema einem Zuhörer!

Wenn Sie einem Zuhörer Ihr Thema erklären, merken Sie erst, ob Sie es selber verstanden haben. Oft hat man selber zwar eine vage Vorstellung davon, worum es gehen könnte, kann die eigenen Ideen aber nicht in Worte fassen. Es ist aber für einen guten Start ganz wichtig, dass Sie selber genau wissen, was Sie untersuchen wollen. Erst wenn Ihr Gegenüber Ihre Erklärung nachvollziehen kann, haben Sie Ihr Thema im Griff.

2.2 Wie grenze ich meine Forschungsfrage ein?

Oft lassen sich Forschungsfragen zunächst nur allgemein formulieren, um überhaupt erst einmal das Interessengebiet abzustecken. Sobald Sie sich aber ein wenig in die Literatur eingelesen haben, entdecken Sie spezifischere Fragen zu einem Themengebiet. Suchen Sie anschließend das Beispiel/den Text/das Material, anhand dessen Sie die Frage beantworten wollen.

Wählen Sie einen Schwerpunkt!

Um von einem vagen Thema zu einer präzisen Fragestellung zu kommen, müssen Sie einen Schwerpunkt wählen, der im Zentrum Ihrer Arbeit stehen soll.

Beispiel
Ein unpräzises Thema lautet: „Social Media in der Politik“.
Grenzen Sie das Thema weiter ein: „Facebook und Twitter im Wahlkampf“.
Präzisieren Sie es durch ein spezielles Beispiel: „Facebook und Twitter im Bundestagswahlkampf 2017“.
Setzen Sie weitere Schwerpunkte: „Die Nutzung von Facebook und Twitter durch Angela Merkel und Martin Schulz im Bundestagswahlkampf 2017“.
Formulieren Sie anschließend Ihre Forschungsfrage: „Wie haben Angela Merkel und Martin Schulz Facebook und Twitter im Bundestagswahlkampf 2017 eingesetzt?“

Legen Sie Ihre Perspektive fest!

Mit der Formulierung der Forschungsfrage bestimmen Sie zugleich die Perspektive, unter der Sie das Thema behandeln werden: In unserem Beispiel geht es um den Einsatz der beiden Medien als Wahlkampfinstrumente, nicht um die tatsächliche Wirkung dieser Strategien oder um die Reaktionen der Wähler. Diese weiterführenden Aspekte könnten Thema einer eigenen Hausarbeit sein.

Die Eingrenzung eines Themas verbindet sich also immer zugleich mit der Entwicklung einer präzisen Fragestellung.

Auf der Suche nach einem präzisen Thema sollten Sie auch beachten, dass verschiedene Themen ganz unterschiedliche Fragestellungen zulassen. Hier nur einige Beispiele:

- Fragetyp 1: Wie ist etwas geschehen/wurde etwas gemacht/kam etwas zustande?

Ihr Ziel ist hier die Beschreibung eines Phänomens. In diese Kategorie gehört z.B. die genannte Untersuchung der Social Media im Wahlkampf.

- Fragetyp 2: Was haben A und B gemeinsam? Was unterscheidet sie?
  Ihr Ziel ist hier der Vergleich. Es können z.B. Strategien verglichen werden, Entwicklungen, Texte, Quellen, Gegenstände, Phänomene. Eine solche Fragestellung könnte z.B. lauten: „Welche Standpunkte in der Migrations- und Integrationspolitik haben CDU und SPD im Bundestagswahlkampf 2017 vertreten?"

- Fragetyp 3: Was ist die Ursache/Wirkung eines Phänomens?
  Hier untersuchen Sie entweder die Ursache eines Phänomens oder die Konsequenzen. Beispiel: „Welche Ursachen hat die Verschmutzung des Rheins?" oder „Welche Konsequenzen hatte die Privatisierung von Unternehmen in Osteuropa nach der Wende?"

2.3 Wie bilde ich Unterfragen?

Wenn Sie eine Forschungsfrage gefunden haben, entscheiden Sie als nächstes, welche Unterfragen Sie stellen müssen, um eine Antwort auf Ihre zentrale Frage zu erhalten.

Klären Sie alle Begriffe Ihres Themas!

Zunächst klopfen Sie alle Begriffe Ihres Themas/Ihrer Frage ab: Was bedeuten sie? Wie werden sie in der Literatur definiert? Wie werden sie verwendet? Was weiß ich darüber? Welcher Zusammenhang besteht zwischen den Begriffen?

Wenn Sie die Begriffe geklärt haben, gewinnen Sie meistens einen klareren Blick auf Ihr Thema.

Beispiel
Ihr Thema lautet z.B. „Arbeitsteilung und Motivation". Sie informieren sich zunächst über die beiden Begriffe: Welche Formen der Arbeitsteilung gibt es in Unternehmen? Welche Faktoren beeinflussen die Motivation von Mitarbeitern? Sie vermuten einen Zusammenhang zwischen den Folgen der Arbeitsteilung und der Mitarbeitermotivation. Ihre zentrale Frage lautet: „Wie beeinflussen Vor- und Nachteile der Arbeitsteilung in Unternehmen die Motivation der Mitarbeiter?"

Achten Sie bei „und"-Themen immer auf den Zusammenhang zwischen den Begriffen: Sie sind nie nur additiv gemeint, sondern suggerieren einen Bezug zueinander, den Sie herausfinden müssen.

Stellen Sie sich selber Fragen!

Anschließend stellen Sie sich selber weitere Fragen zu Ihrem Thema. In unserem Beispiel könnten Sie unter anderem fragen:

- Was sind die Vorteile/Nachteile der Spezialisierung?
- Welche Vorteile/Nachteile hat die „schlanke Produktion"?
- Was bewirken unterschiedliche Anreizsysteme?

TIPP
Wenn es Ihnen schwerfällt, Unterfragen zu finden, inszenieren Sie ein Interview: Bitten Sie einige Kommilitonen/Kommilitoninnen, Ihnen Fragen rund um Ihr Thema zu stellen, und versuchen Sie, eine vorläufige Antwort zu geben.

Sie werden merken, wie viel es bei Ihrem Thema zu klären und herauszufinden gibt. Halten Sie alle Fragen fest und sortieren Sie diese Fragen nach ihrer Wichtigkeit. Nehmen Sie die wichtigsten in Ihren Fragenkatalog auf.

Bringen Sie Ihre Gedanken in Schwung!

Beantworten Sie in einem nächsten Schritt die folgenden Fragen der Checkliste, um Einfälle zu Ihren Unterfragen zu generieren.

CHECKLISTE ZU UNTERFRAGEN

- Was weiß ich schon über mein Thema?
- Welche Beobachtungen habe ich schon zu diesen Fragen gemacht?
- Welche Beispiele kenne ich?
- Was habe ich schon dazu gelesen?
- Was hat mich überzeugt?
- Wo hatte ich Zweifel?
- Welche Fragen möchte ich unbedingt beantworten?
- Welche Fragen will ich nicht behandeln?
- Warum sollte man diesen Aspekt untersuchen?

Beantworten Sie diese Fragen schriftlich, das hilft Ihnen, Ihre Gedanken zu ordnen. Versuchen Sie auch hier, Ihre Ideen erst einmal unzensiert fließen zu lassen, damit möglichst viele Aspekte und Einfälle aufs Papier kommen.

Überprüfen Sie jetzt noch einmal Ihre Forschungsfrage!

Ganz zuletzt überprüfen Sie noch einmal, ob Sie Ihr Thema so präzise formuliert haben, dass es einen klaren Arbeitsauftrag enthält. Ihr Thema könnte sich nämlich durchaus bei der Suche nach Unterfragen nochmals verändern.

2.4 Soll ich mehrere Fragestellungen ausprobieren?

Es kann sinnvoll sein, mehrere übergreifende Fragestellungen innerhalb ein und desselben Themengebietes auszuprobieren. Vor allem, wenn Sie noch keinen Überblick über die Literatur haben, halten Sie die Entscheidung für ein Thema erst einmal noch offen.

Recherchieren Sie gemeinsame Grundlagenliteratur für mehrere mögliche Themen!

Für mehrere ähnliche Themen können Sie die Recherche gemeinsam führen. Die Literaturrecherche geht zunächst sowieso von einer etwas allgemeiner formulierten Frage aus und führt erst im Lektüreprozess zu einer ganz speziellen Frage. Insofern ist die Literatursuche für mehrere potenzielle Themen kaum Mehrarbeit.

Generieren Sie Unterfragen für mehrere mögliche Themen!

Ebenso kann es sinnvoll sein, zu mehreren ähnlichen Fragen mögliche Unterfragen zu bilden, um herauszufinden, welche zentrale Frage Sie anhand der Literatur am ehesten beantworten können.

Beispiel
Aus dem Thema „Armut heute" z.B. lassen sich unterschiedliche Fragestellungen ableiten:

- Armut in Deutschland?
- Armut im europäischen Vergleich?
- Armut alleinerziehender Frauen?

- Kinderarmut?
- Armutsrisiko in Ballungsgebieten?
- Psychische Folgen von Armut?
- Armutsbiographien?
- Politische Strategien gegen Armut?

Die einführende Literatur zur Armutsforschung wird in der Regel zahlreiche verschiedene Aspekte behandeln, die für jede Ihrer gewählten Fragestellungen relevant sind. Erst wenn Sie sich für ein oder zwei eingegrenzte Fragestellungen interessieren, wählen Sie spezifischere Forschung aus. So werden z.B. die Fragen nach Armut in Deutschland, nach Kinderarmut und nach Armut alleinerziehender Frauen viele Unterfragen gemeinsam haben.

Entscheiden Sie sich früh für *eine* Frage!

Sobald Sie einen Schwerpunkt entdecken, für den Sie sich entscheiden wollen, schwenken Sie sozusagen vom Hauptweg ab und konzentrieren sich auf diese eine spezielle Fragestellung und die dazu gehörende Forschung.

Anschließend sollten Sie einen kurzen Text für sich selber schreiben, in dem Sie sich klarmachen

- welche Frage Sie genau beantworten wollen
- welche Unterfragen Sie berücksichtigen wollen
- welches Material Sie auswerten wollen
- wo Sie noch Detailwissen brauchen
- was Ihnen selber noch unklar ist.

Denken Sie beim Schreiben dieses Textes nicht an Stil, Grammatik, Rechtschreibung: Es geht nur darum, dass Sie sich selber über Ihr Projekt klar werden.

2.5 Und wenn viele verschiedene Aspekte interessant sind?

Manchmal entdeckt man viele verschiedene interessante Aspekte, die man am liebsten alle behandeln möchte, weil man fürchtet, andernfalls etwas Wichtiges zu übersehen oder wegzulassen. In einer solchen Situation müssen Sie sich klarmachen, dass in der Wissenschaft immer nur ein Ausschnitt aus einem Ganzen untersucht wird, um bei diesem speziellen Aspekt in die Tiefe statt in die Breite zu gehen.

Stellen Sie sich diesen Prozess wie ein Foto vor: Alle dargestellten Details hängen mit allen anderen zusammen und machen gemeinsam das Bild aus, aber dennoch kann ich ein bestimmtes Detail isolieren, es gleichsam heranzoomen, um es intensiv zu betrachten.

Sobald ich das Detail eingehend untersucht habe, zoome ich es zurück und füge es wieder in seinen Kontext ein.

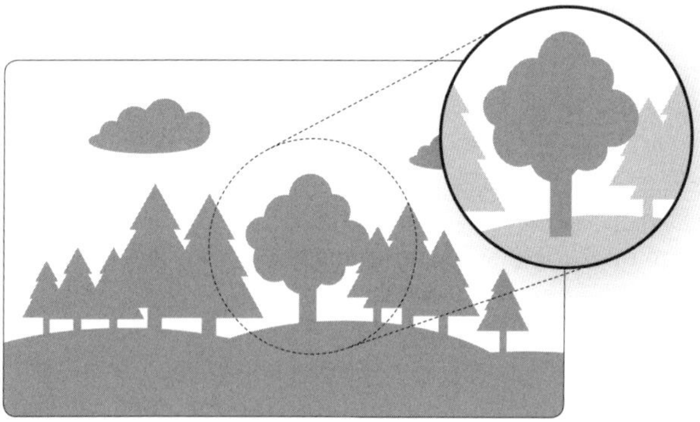

Abb. 6: Einen Aspekt heranzoomen

Abb. 7: Einen Aspekt zurückzoomen

Schauen wir uns diesen Prozess an einem Beispiel an.

Beispiel
Sie bearbeiten das Thema „Die Entführung und Ermordung Hanns Martin Schleyers durch die RAF im Jahr 1977". Auf den ersten Blick lassen sich zahlreiche wichtige Aspekte nennen:

- die Reaktion der Regierung
- die Darstellung in der Presse
- die Perspektive der RAF-Terroristen
- die Rolle der Sympathisanten
- der Zusammenhang mit der Entführung der Lufthansa-Maschine „Landshut".

Um ein machbares Thema für eine Hausarbeit festzulegen, müssen Sie sich aber auf einen bestimmten Aspekt konzentrieren. Sie können z.B. die gut belegten Reaktionen der Regierung unter Helmut Schmidt untersuchen. Einleitend und im Fazit weisen Sie dann darauf hin, wie sie möglicherweise mit den anderen Aspekten zusammenhängen.

2.6 Wie merke ich, ob eine Fragestellung sinnvoll ist?

Gehen Sie zunächst von Ihrem persönlichen Interesse aus. Prüfen Sie, ob Sie mit Ihrer Frage einen relevanten Aspekt des Themas treffen. Das ist immer dann der Fall, wenn es gute Gründe dafür gibt, diese Frage zu stellen oder diesem Aspekt nachzugehen. Dafür brauchen Sie Vorgängerstudien, auf denen Sie aufbauen können.

Beispiel
Sie haben z.B. gelesen, dass für den Prozess der Gentrifizierung in Großstädten nicht nur die Modernisierung maroder Gebäude und damit die Aufwertung der Wohnsubstanz maßgebend ist, sondern auch eine in ihrem Lebensstil alternative Population, die ihrerseits zahlungskräftige Mieter/Käufer anzieht.
Daraus leiten Sie die Frage ab, welche alternativen Lebensentwürfe in einer bestimmten Großstadt der Gentrifizierung bisher Vorschub leisteten.
Anschließend formulieren Sie Ihr Thema: „Alternativer Lebensstil und Gentrifizierung in Berlin".

Mit dieser Themenformulierung haben Sie zugleich eine Frage gestellt, deren Antwort nicht auf den ersten Blick offensichtlich ist, andernfalls müssten Sie keine wissenschaftliche Methode anwenden, um eine Antwort zu finden.

Schreiben Sie jetzt eine Liste guter Gründe für Ihr Thema!

Wenn bereits andere Forscher sich mit dem von Ihnen gewählten Aspekt beschäftigt haben, können Sie von einer sinnvollen Forschungsfrage ausgehen, ebenso wenn dieser Aspekt bereits in der einführenden Literatur auftaucht. Als Anfänger brauchen Sie nämlich unbedingt Studien, an die Sie anknüpfen können und deren Hypothesen Sie an Ihrem Material überprüfen können.

2.7 Wie formuliere ich das Thema?

Manchmal kennen Sie zwar die Frage Ihrer Arbeit, müssen aber noch eine passende Formulierung finden. Die Themenformulierung sollte präzise und knapp zugleich sein und sich auf den Schwerpunkt der Arbeit konzentrieren. Nebenthemen, die den Zusammenhang zeigen, in dem Ihr Thema steht, können dagegen in der Einleitung angesprochen werden.

Arbeiten Sie mit Schlüsselwörtern!

Achten Sie darauf, dass die für Ihr Thema wichtigen Begriffe genannt werden. so sorgen Sie dafür, dass der Leser sofort versteht, worum es in Ihrer Arbeit geht.

In der Regel werden Themen nominal formuliert, also durch mehrere Substantive.

Beispiel
Wenn der Titel Ihrer Arbeit z.B. lautet „Auswirkungen der Korruption in Indien auf die Infrastruktur", sind die zentralen Begriffe im Thema genannt.

Verbinden Sie Obertitel und Untertitel!

Wenn Ihr Titel zu lang ist, arbeiten Sie mit Ober- und Untertitel. Der Obertitel wird dabei meist etwas allgemein gehalten, der Untertitel präzisiert das Vorhaben.

Beispiel
„Politische Partizipation im Wandel. Eine Analyse sozialer Bewegungen in Deutschland".

Sie können den Obertitel auch etwas griffig formulieren, damit er Interesse weckt, und im Untertitel eine genaue Erklärung hinzufügen:

Beispiel
„Afrika in unseren Köpfen. Eine Untersuchung westlicher Afrikabilder"

Achten Sie aber darauf, dass Ihr Untertitel nicht bloß die Informationen des Obertitels wiederholt.

Beispiel
„Literatur im Netz. Texte im Zeitalter der neuen Medien". Hier liefert der Untertitel keine neuen Informationen. Sinnvoller wäre eine Präzisierung wie „Eine Untersuchung zu Literaturwettbewerben im Internet".

Wenn Sie in Ihrem Titel andere Texte, Quellen, Zitate verwenden, werden diese entweder kursiv oder in Anführungszeichen gesetzt.

Beispiel
Strategien der Leserlenkung in Hermann Hesses Roman *Demian*

In seltenen Fällen kann man auch eine Frage als Titel der Arbeit wählen. In manchen Fächern ist das durchaus üblich, in anderen ein No-go. So finden sich Titel in Frageform z.B. häufiger in der Soziologie, seltener in den Wirtschaftswissenschaften.

Beispiel
Beispiel Soziologie:
Inwiefern beeinflusst Armut die Gesundheit von Kindern und Jugendlichen?

Erkundigen Sie sich im Zweifelsfall danach, was in Ihrem Fach üblich ist und sprechen Sie den Titel der Arbeit mit Ihrem Dozenten/Ihrer Dozentin ab.

2.8 Verändert sich die Frage im Arbeitsprozess?

Ihre zentrale Frage kann sich im Arbeitsprozess verändern. Allerdings merken Sie bei einer Hausarbeit meistens bereits bei der Planung, ob Sie sich vielleicht zu viel vorgenommen haben.

Kalkulieren Sie den Umfang Ihrer Arbeit!

Versuchen Sie, vor dem Schreiben zu kalkulieren, wie umfangreich Ihre einzelnen Kapitel ungefähr werden sollen. Dann bekommen Sie schon einen ersten Eindruck, ob Sie Ihr Thema, je nach Seitenvorgabe, auf 12 oder 20 Seiten darstellen können.

Natürlich werden Sie erst im Laufe Ihrer Schreibbiographie nach und nach lernen, den Umfang zutreffend einzuschätzen, aber auch als Anfängerin können Sie schon eine Vermutung entwickeln, wie wichtig die einzelnen Teile Ihrer Arbeit sein werden und wie viele Seiten Sie ihnen entsprechend einräumen wollen.

Machen Sie Abstriche!

Wenn Sie bereits bei der Planung merken, dass Sie viel mehr Seiten bräuchten, um alle wichtigen Aspekte zu berücksichtigen, überlegen Sie sofort, wo Sie Abstriche machen könnten:

- Konzentrieren Sie sich auf wenige Unterfragen.
- Begrenzen Sie Ihre Textauswahl.
- Untersuchen Sie weniger Quellen.
- Treffen Sie eine Auswahl unter den Daten.

Eine solche Umfangsplanung erspart Ihnen viel unnötige Arbeit. Sie überschauen die Einteilung Ihrer Arbeit, wissen bei jedem Kapitel ungefähr, wie viel Platz Sie für die Darstellung haben, und schießen nicht ungewollt übers Ziel hinaus. Unnötiges Zusammenstreichen entfällt so weitgehend und Sie ersparen sich unerwartetes Umplanen kurz vor dem Ende der Arbeit.

Erweitern Sie Ihre Fragestellung!

Manchmal kann es umgekehrt passieren, dass Sie am Ende zu wenige Seiten gefüllt haben. „Wenigschreiber" sollten im Voraus überlegen, welchen Aspekt sie gegebenenfalls noch einbeziehen könnten. Oft lassen sich einige Aspekte aufnehmen, die zwar nicht unverzichtbar sind, aber doch passend.

Beispiel
Sie schreiben z.B. über den Sechstagekrieg 1967 zwischen Israel und den benachbarten arabischen Staaten. Sollte Ihnen dieses Thema wider Erwarten nicht genügend Stoff bieten, können Sie einen Abriss der politischen Entwicklung, die zum Ausbruch des Krieges führte, voranstellen.

Sobald Sie eine Frage gebildet haben, erklären Sie einem Dritten, was Sie herausfinden wollen. Nur das, was man anderen auch erklären kann, hat man selber wirklich verstanden!

3. Wie nutze ich die Forschungsliteratur?

3.1 Wie finde ich relevante Literatur?

Bevor Sie mit der eigentlichen Literaturrecherche beginnen, sollten Sie sich erst einmal einen Überblick über Ihr Thema verschaffen.

Lesen Sie eine aktuelle Einführung in Ihr Thema!

Eine Einführung, meist ein Aufsatz, vermittelt Ihnen Grundbegriffe, skizziert Forschungsfragen und neuere Ergebnisse.

Nutzen Sie anschließend einige dieser Wege:

1. **Lektüreliste:** Wählen Sie aus der Lektüreliste des Dozenten/der Dozentin die Titel aus, die offensichtlich Ihr Thema betreffen. Bei einer Hausarbeit reicht diese Auswahl oft schon für die Bearbeitung Ihres Themas aus.

2. **Institutskatalog:** Wenn Sie keine Lektürehinweise bekommen haben, geben Sie relevante Suchbegriffe in den Institutskatalog ein. Überlegen Sie, unter welchen verschiedenen Schlagwörtern Ihr Thema behandelt werden könnte.
3. **Universitätsbibliothek:** Erst wenn diese Suche nicht genug Informationen liefert, suchen Sie im Onlinekatalog Ihrer Uni-Bibliothek. Wenn diese Suche unüberschaubar viele Einträge liefert, schränken Sie Ihr Thema weiter ein.
4. **Schneeballsystem:** Notieren Sie, welche Titel in ein oder zwei relevanten Büchern/Aufsätzen wiederholt genannt werden. Diese Titel sind offensichtlich wichtig. Stöbern Sie außerdem im Literaturverzeichnis dieser Bücher/Aufsätze nach weiteren einschlägigen Titeln.
5. **Bachelor- oder Masterarbeiten:** Blättern Sie verschiedene Arbeiten durch und notieren Sie die dort aufgeführten Titel. Mitunter sammeln Institutsbibliotheken diese Arbeiten, ansonsten nutzen Sie online die kostenlosen Hausarbeitenportale.
6. **Google Scholar oder BASE:** Nutzen Sie wissenschaftliche Suchmaschinen wie Google Scholar oder BASE (Bielefeld Academic Search Engine). Diese brauchen Sie hauptsächlich, wenn Ihr Thema sehr aktuell ist, so dass es noch kaum Forschung dazu gibt. Bedenken Sie aber, dass Sie bei einem sehr aktuellen Thema wahrscheinlich insgesamt zu wenig Forschung finden, auf die Sie sich stützen können.

Besuchen Sie eine Einführung in die Bibliotheksrecherche!

Die dafür aufgewendete Zeit zahlt sich vielfach aus. So können Sie schon früh im Studium Literatur zu interessanten Themen sammeln. Später kann daraus ein Thema für die Bachelorarbeit hervorgehen.

Lernen Sie Fachdatenbanken kennen!

Fachdatenbanken sind Sammlungen von Print- und elektronischen Medien zu bestimmten thematischen Schwerpunkten in ausgewählten Fächern. Wenn Sie diese Fachdatenbanken benutzen, können Sie sicher sein, dass alle Titel fachlich relevant sind. Zahlreiche Artikel sowie online verfügbare Fachzeitschriften können Sie sich als eingeschriebene Studierende außerdem kostenlos herunterladen. Fragen zu den Fachdatenbanken beantwortet Ihnen in der Regel das Fachpersonal der Unibibliothek.

Finden Sie Schlagwörter!

Wenn Sie online einen passenden Eintrag gefunden haben, sehen Sie sich an, unter welchen Schlagwörtern dieser Titel verzeichnet ist. Diese Schlagwörter geben Ihnen Hinweise auf Synonyme, unter denen Sie weitersuchen können. Sie können auch Schlagwörter miteinander kombinieren, um die Suche einzuschränken. Je nach Studienfach müssen Sie auch englische Schlagwörter eingeben, wenn die Fachsprache wie z.B. in den Wirtschaftswissenschaften vor allem Englisch ist.

Benutzen Sie nur seriöse Literatur!

Achten Sie darauf, in Ihrer Arbeit nur wissenschaftlich seriöse Literatur zu zitieren. Bei Internetquellen ist es oft nicht einfach zu erkennen, ob eine Quelle wissenschaftlich zuverlässig ist.

Verlässliche Kriterien für seriöse Literatur:
- ein namhafter Autor
- Veröffentlichung in einer bekannten wissenschaftlichen Zeitschrift
- Publikation einer wissenschaftlichen Gesellschaft/Institution

Quellen wie Wikipedia können Sie zur eigenen Orientierung nutzen und den dort angeführten Literaturhinweisen folgen. Zitieren Sie die Enzyklopädie aber nicht in Ihrer Arbeit!

3.2 Wie viel Forschung muss ich lesen?

Machen Sie sich zunächst klar, warum Sie für eine Hausarbeit überhaupt Forschung lesen:

1. um einen Überblick über die Fragen zu bekommen, die zu Ihrem Arbeitsthema gehören könnten;
2. um Antworten auf die von Ihnen ausgewählten Fragen zu erhalten.

Hören Sie rechtzeitig mit der Recherche auf!

Sobald Sie einen Überblick gewonnen und Antworten gefunden haben, können Sie aufhören zu recherchieren und zu lesen. Wenn Sie, wie in Punkt 3.1 dargestellt, mit einem Einführungswerk begonnen haben, kennen Sie schon die wichtigsten Fragestellungen.

Suchen Sie anschließend nach Antworten auf ausgewählte Fragen.

Beginnen Sie mit der neusten Literatur!

Berücksichtigen Sie zuerst die neuere Forschung, die Ihnen in der Regel bereits die Ergebnisse und Positionen früherer Forscher referiert. Legen Sie Ihrem Dozenten/Ihrer Dozentin zusammen mit der von Ihnen gewählten zentralen Frage auch Ihre Lektüreliste vor und bitten Sie um Rückmeldung.

TIPP
Notieren Sie immer sofort die bibliografische Angabe zu jedem Text, den Sie gelesen haben. Das verlangt etwas Disziplin, zahlt sich aber später beim Schreiben vielfach aus.

Wenn Sie dazu neigen, immer noch mehr Forschung zu lesen, um eine besonders gute Arbeit zu schreiben, denken Sie daran, dass nicht die Menge der verarbeiteten Literatur entscheidend ist, sondern die Qualität.

Achten Sie aber darauf, ob es in Ihrem Fach üblich ist, eher weniger oder eher mehr Forschungsliteratur zu verarbeiten. Hier gibt es deutliche Unterschiede zwischen den Fächern.

3.3 Wie behalte ich den Überblick?

Zu viel gelesen? Chaos im Kopf?

Dokumentieren Sie Ihre Recherche!

Am besten behalten Sie den Überblick, indem Sie Ihre Recherche detailliert dokumentieren:

CHECKLISTE FÜR DIE LITERATURRECHERCHE
Was habe ich unter welchen Schlagwörtern recherchiert?
Welche Texte/Textteile habe ich gelesen?
Welche Texte will ich ganz lesen?
Welche Teile/Kapitel einzelner Texte will ich lesen?
Welche Titel brauche ich nicht?
Welche Texte/Textteile brauche ich für bestimmte Kapitel meiner Arbeit?

Welche Texte/Medien habe ich in der Bibliothek bestellt? Notieren Sie die Signatur der Bücher für eine spätere Ausleihe.

Legen Sie zusätzlich einen Pappordner für Ihre alphabetisch geordneten Kopien an.

TIPP
Verwenden Sie Kürzel, Symbole oder Farben, um in Ihrer selbst erstellten Literaturliste die Titel oder Textteile entsprechend zu markieren.

Arbeiten Sie mit einem Literaturverwaltungsprogramm!

Besuchen Sie möglichst früh im Studium eine Einführung in ein Literaturverwaltungsprogramm wie Citavi, Endnote, Zotero, Mendeley und andere. An den meisten Universitäten ist für eingeschriebene Studierende ein solches Literaturverwaltungsprogramm lizensiert, das Sie dann kostenfrei benutzen können. Die Unibibliotheken bieten in der Regel Einführungen in die Programme an.

Mit einem Literaturverwaltungsprogramm können Sie Texte und Literaturangaben sammeln, Wissen nach Schlagworten verwalten und strukturieren und bibliografische Angaben aus unterschiedlichen elektronischen Quellen importieren und nach Wunsch formatieren.

Für Ihre erste Hausarbeit kommen Sie sicher auch ohne Literaturverwaltungsprogramm aus. Dennoch empfiehlt es sich, schon zu Beginn des Studiums mit einem Literaturverwaltungsprogramm zu arbeiten, um sich nach und nach eine Sammlung einschlägiger Literatur und Exzerpte aufzubauen, auf die Sie später immer wieder zurückgreifen können.

Aber wie behält man als Anfänger den Überblick über den Inhalt der zahlreichen gelesenen Texte?

Ordnen Sie die wichtigsten Infos sofort Ihren Kapiteln zu!

Schreiben Sie sich die Antworten der Forschung sortiert nach Ihren Fragestellungen heraus, um jederzeit den Überblick über bereits zusammengetragenes Wissen zu behalten (vgl. Kap. 3.7). Diese Antworten werden später die Grundlage Ihrer Kapitel bilden.

3.4 Muss ich alle Texte ganz lesen?

Bestimmen Sie vor der genauen Lektüre eines Textes, welche Teile Sie wie gründlich lesen möchten.

Ist der Text relevant und neu?

Bei der Auswahl entscheidet immer das Prinzip: relevant und neu. Das bedeutet, der Text muss für Ihr Thema relevant sein, indem er eine Ihrer Unterfragen beantwortet, und er muss für Sie neu sein. Oft liest man aus Unsicherheit Texte, von denen man weiß, dass sie nichts wirklich Neues bieten. Man hat einfach Angst, etwas zu übersehen. Diese Angst ist unbegründet. Nehmen wir an, ein Text enthält wichtige neue Aussagen, die Sie nicht entdecken. Mit Sicherheit werden diese Aussagen dann in den Texten anderer Forscher aufgegriffen, diskutiert, erwähnt, so dass Sie ihnen auf Umwegen doch noch begegnen.

Vollständig lesen sollten Sie allerdings den ersten einführenden Text, der Ihnen Grundbegriffe und Grundwissen zu Ihrem Thema vermittelt.

Lesen Sie selektiv!

Nach der einführenden Lektüre selektieren Sie. Lesen Sie zuerst:

- Titel, Untertitel
- Inhaltsverzeichnis
- Abstract/Einleitung

Danach überfliegen Sie den Text und achten dabei auf:

- Abbildungen
- Aufzählungen
- Hervorhebungen
- Zwischenüberschriften
- das Fazit

Nach jedem Schritt entscheiden Sie, ob Sie sich weiter mit dem Text beschäftigen wollen. Mitunter entfällt ein Schritt: Wenn z.B. das Abstract bereits die Ergebnisse nennt, brauchen Sie das Fazit für Ihre eigene Orientierung nicht mehr zu lesen.

Markieren Sie Texte oder Passagen nach ihrer Relevanz!

Wenn sämtliche Schritte zeigen, dass der Text einschlägig ist, markieren Sie die Kapitel, Beiträge oder längeren Abschnitte, die Sie lesen wollen. Die definitiv einschlägigen Texte markieren Sie mit „A“, die vielleicht interessanten Texte mit „B“. Lesen Sie nun zuerst die „A“-Texte. Sie werden feststellen, dass sich dann die Lektüre der „B“-Texte oft erübrigt.

Ihr Ziel ist es also, so viel Texte wie nötig, aber so wenig Texte wie möglich auszuwählen. Es ist nämlich in jedem Fall besser, wenige zentrale Texte gründlich zu bearbeiten als viele mehr oder minder relevante Texte zu überfliegen.

Suchen Sie nach Schlagworten!

Manchmal möchten Sie einfach nur wissen, ob Ihr Thema in dem Kapitel oder Aufsatz tatsächlich angesprochen wird. Dazu überfliegen Sie den Text im Schnelldurchlauf. Lassen Sie Ihren Blick über den Text gleiten, streichen Sie die Passagen an, in denen relevante Stichworte vorkommen. Bei elektronischen Texten übernimmt die Suchfunktion diese Aufgabe. Für eine erste Auswahl unter zahlreichen Texten kann dieses schnelle Überfliegen hilfreich sein.

3.5 Wie lese ich konzentriert?

1. Suchen Sie Antworten auf Fragen!

Das Lesen nach Fragen lenkt Ihre Aufmerksamkeit gezielt auf die Aussagen, die Sie als Antworten auf Ihre Fragen brauchen. Stellen Sie eine Liste Ihrer Fragen zusammen.

2. Lesen Sie schnell!

Versuchen Sie, Ihr Lesetempo ein wenig zu beschleunigen. Bei wissenschaftlichen Texten liest man mitunter bewusst langsamer, um nichts zu verpassen. Dadurch lässt man sich aber auch viel leichter ablenken und verliert sich in Nebengedanken.

Lesen Sie auch eher in kleinen zeitlichen Einheiten:

20 Minuten lesen – Herausschreiben der wichtigsten Informationen – kurze Pause – nächste Leseeinheit. So halten Sie auch bei längeren Texten Ihre Konzentration auf hohem Niveau.

Viele Studierende hoffen, mit Hilfe von Speed Reading ein ungeahntes Lesetempo zu erreichen. Die Methoden des Speed Reading sind allerdings wissenschaftlich umstritten:

Befürworter führen die Beschleunigung des Lesetempos ins Feld, Kritiker betonen den enormen Übungsaufwand und die Grenzen des physiologisch Möglichen. Einige Techniken, die auch im Speed Reading vermittelt werden, sind aber zweifellos für alle Leser geeignet: die gezielte Textauswahl, das Überfliegen des Textes und das selektive Lesen (vgl. Kap. 3.2, 3.4-3.7).

3. Lesen Sie mit Lineal!

Legen Sie ein Lineal unter die Zeile, die Sie gerade lesen und schieben Sie es Zeile für Zeile weiter. Auf diese Weise wird Ihr Blick gelenkt und schweift weniger ab.

4. Lesen Sie ohne Schleifen!

Manchmal blättern wir zurück, wenn wir etwas nicht verstehen und lesen die letzten ein/zwei Seiten noch einmal. Das kostet Zeit. Vertrauen Sie stattdessen darauf, dass sich der Knoten löst, wenn Sie weiterlesen und Zusammenhänge erklärt und Beispiele angeführt werden.

5. Lesen Sie in kleinen Einheiten!

Lesen Sie nicht zu lange am Stück. Das ermüdet. Nehmen Sie sich stattdessen kleine Zeiteinheiten vor, z.B. 20 Minuten, und machen Sie danach eine kurze Pause. Bewegen Sie sich, lassen Sie Ihre Augen zur Entspannung in die Ferne schweifen, denken Sie kurz über das Gelesene nach und lesen Sie erst dann weiter.

6. Verbannen Sie Ihr Smartphone!

Aktuelle Studien an der Universität Austin (Texas) haben ergeben, dass bei Studierenden nicht nur der Gebrauch des Smartphones während der Arbeit die Konzentration massiv verschlechtert, sondern sogar die Präsenz des ausgeschalteten Handys in erreichbarer Nähe (Adrian F. Ward u.a.: Brain Drain: The Mere Presence of One's Own Smartphone Reduces Available Cognitive Capacity. Journal of the Association for Consumer Research, Vol. 2, No. 2, Chicago 2017, S. 140-154)!

3.6 Wie finde ich das Wichtigste in einem Text?

„Das Wichtigste" an sich gibt es nicht. Was wichtig ist, entscheidet sich nach Ihrer Fragestellung. Wichtig ist für Sie das, was Ihre Unterfragen und damit Ihre zentrale Frage beantwortet.

Stellen Sie Fragen an den Text!

Gehen Sie an jeden Text mit einer oder mehreren Fragen heran. Auf diese Weise erschließen Sie sich den Text systematisch und sorgen dafür, dass Ihnen keine wichtige Information entgeht. Zugleich erhöht dieses gezielte Lesen Ihre Konzentration. Es kann sonst nämlich leicht passieren, dass man sich an einem detailreichen Text festliest und am Ende für das eigene Thema nur wenig gewonnen hat.

Was weiß ich schon über mein Thema?

Notieren Sie vor der Lektüre zunächst in Stichworten, was Sie schon über Ihr Thema wissen. Dadurch wird Ihr vorhandenes Wissen aktiviert und Sie werden aufnahmebereiter für neue

Informationen. Dahinter steht die einfache Einsicht, dass neues Wissen umso leichter aufgebaut werden kann, je mehr „Ankerplätze" bereitgestellt werden, an die dann die neuen Informationen andocken können.

Präzisieren Sie Ihr Frageraster!

Formulieren Sie Ihre Fragen schriftlich. Meistens hat man nach der ersten Übersicht (vgl. Kap. 3.4) schon eine bestimmte Erwartung an einen Text. Notieren Sie also stichwortartig, was genau Sie sich von diesem Text erwarten. Dadurch präzisieren Sie Ihr Frageraster und erhalten so genauere Antworten.

Achten Sie auf den ersten Satz!

Häufig finden Sie die relevanten Aussagen im ersten Satz eines Abschnitts. Wenn der Autor den Abschnitt mit einer Überleitung beginnt, steht die zentrale Aussage meist im zweiten Satz. Der folgende Text dient oft dazu, die zentrale Aussage zu erläutern, Beispiele anzuführen, in die Forschungsdiskussion einzusteigen.

Notieren Sie Ihre eigenen Gedanken!

Notieren Sie während des Lesens Ihre eigenen Gedanken zum Text: Fragen, Zweifel, weiterführende Überlegungen, Zustimmung, Beispiele. Sie können diese Anmerkungen mit Hilfe der Kommentarfunktion festhalten oder einfach auf einem Blatt Papier. Diese Notizen werden Ihnen später geeignetes Material liefern, wenn es darum geht, selber Stellung zu beziehen.

3.7 Wie lese ich fremdsprachige Texte?

Beim Lesen fremdsprachiger Texte gibt es Wörter, die für das Verständnis zentral sind und andere, die Sie überlesen können.

Schlagen Sie Fachbegriffe sofort nach!

Fachbegriffe sollten Sie sofort nachschlagen und in einem Vokabelheft notieren. Das spart Ihnen ein wiederholtes Nachschlagen. Sonstige unbekannte Substantive und Verben können Sie häufig aus dem Kontext erschließen. Unterbrechen Sie Ihren Lesefluss möglichst wenig, schlagen Sie zunächst nur zentrale Begriffe nach und notieren Sie die übrigen bedeutungstragenden Wörter in einer Liste. Nachdem Sie zwei oder drei Seiten gelesen haben, schlagen Sie die unbekannten Wörter nach. Man sagt, dass ein Text auch dann noch gut verständlich ist, wenn man bis zu 5 Wörter pro Seite nicht versteht. Das gilt allerdings wie gesagt nicht für Fachbegriffe.

TIPP
Wenn ein fremdsprachiger Text schwierig ist, lesen Sie zunächst etwas *über* ihn: eine Rezension, eine Inhaltsangabe, einen Aufsatz in deutscher Sprache, der sich auf den fremdsprachigen Text bezieht. Sie erfahren dann schon einmal, worum es im Wesentlichen geht, und finden so einen leichteren Zugang zum Text.

Planen Sie für das Lesen fremdsprachiger Texte in jedem Fall mehr Zeit ein. Exzerpieren Sie z.B. englische Texte auf Englisch, wenn Sie auch Ihre Arbeit auf Englisch schreiben. Wenn Sie Ihre Arbeit dagegen auf Deutsch schreiben, exzerpieren Sie fremdsprachige Texte gleich auf Deutsch. Das hilft Ihnen auch, sich vom Wortlaut der Vorlage zu lösen.

3.8 Wie markiere und exzerpiere ich?

Verschaffen Sie sich zunächst einen Überblick über den Aufbau des Textes (vgl. Kap. 3.4).

Überfliegen Sie den Text!

Blättern Sie das Kapitel oder den Aufsatz einmal langsam durch: Können Sie schon Behauptungen und Beispiele erkennen, Argumente und Gegenargumente? Diese Vororientierung erleichtert Ihnen später das Verständnis.

TIPP
Schreiben Sie Ihre Leitfragen auf eine Karteikarte und hängen Sie diese über Ihren Schreibtisch oder legen Sie sie beim Lesen neben sich. So haben Sie Ihre Fragen immer vor Augen.

Lesen Sie zunächst ungefähr zwei Seiten und achten Sie darauf, wo sich Antworten auf Ihre Fragen finden.

Erst lesen, dann markieren!

Anschließend schauen Sie die zwei Seiten nochmals durch und markieren die wichtigsten Textteile. Sie können die Sätze oder Satzteile in unterschiedlichen Farben oder mit Symbolen kennzeichnen, wichtig ist nur, dass Sie *erst* lesen und *dann* unterstreichen. Während des Lesens wissen Sie nämlich noch gar nicht, welche Aussagen als nächste kommen und halten deshalb leicht vieles für wichtig, was sich später als vorläufige Aussage entpuppt. Deshalb ist es ökonomischer, im Zweiseitenrhythmus zu lesen und zu markieren.

Ein eigenes Dokument für jede Unterfrage!

Legen Sie für jede Unterfrage ein eigenes Dokument an und speichern Sie die Informationen dort. Oftmals ist es nämlich schwierig, die Menge des Materials, das man beim Schreiben parat haben sollte, zu ordnen. Aber mit einem eigenen Dokument pro Unterfrage behalten Sie ständig den Überblick über das zusammengetragene Wissen.

Formulieren Sie Ihre Exzerpte in eigenen Worten!

Es ist wichtig, die angestrichenen Textstellen in eigenen Worten umzuformulieren, damit Sie später beim Schreiben nicht am Wortlaut der Vorlage „kleben".

Außerdem merken Sie sofort, wenn Sie eine Aussage nicht verstanden haben. Es gelingt Ihnen dann nämlich nicht, sie genau zu formulieren. Die in ganzen Sätzen festgehaltenen Informationen können Sie später von Fall zu Fall als Textblöcke in Ihre Arbeit übernehmen.

Oft ist es nicht einfach, sich von der Textvorlage zu lösen. Mit dem bloßen Umstellen von Wörtern oder dem Austausch von Verben ist es nicht getan. Um bei der indirekten Wiedergabe von Forschungspositionen nicht ungewollt ein Plagiat zu begehen, übernehmen Sie weder ganze Sätze noch Teilsätze aus Ihrer Vorlage.

Notieren Sie stattdessen bereits beim Lesen Stichworte, aus denen Sie dann – nach einer Pause – einen zusammenhängenden Text konstruieren, ohne das Original vor sich zu haben. Sie können auch einen „Umweg" über ein Mindmap oder ein Flussdiagramm nehmen (vgl. 3.8.2-3), das Sie dann in Worten beschreiben.

Haben Sie mehrere Beiträge zu einem Thema gelesen, fassen Sie die wichtigsten Informationen in einem einzigen Text zusammen. Auf diese Weise entfernen Sie sich weit genug von den Originaltexten.

Exzerpieren können Sie übrigens auf ganz unterschiedliche Weise:

1. Fließtext

Formulieren Sie in ganzen Sätzen jede wichtige Information in eigenen Worten, so knapp wie möglich, jedoch so ausführlich, dass Sie Ihre Aufzeichnungen auch nach längerer Zeit noch verstehen.

2. Mindmap

In einem Mindmap lassen sich komplexe Sachverhalte übersichtlich und knapp zusammenfassen. Im Zentrum steht in einem Kreis die Frage, von der sich strahlenförmig Äste mit Schlagworten in alle Richtungen ausbreiten. Diese Schlagworte benennen wichtige Aspekte des Themas. Alle Informationen zu einem Aspekt werden anschließend auf Infostrahlen um das jeweilige Schlagwort herum gruppiert.

Es empfiehlt sich, grundsätzlich nicht mehr als 3 Ebenen für das Mindmap zu wählen, damit es jederzeit übersichtlich bleibt:

- Frage im Zentrum
- Oberbegriff, der den Aspekt benennt
- Infostrahlen für die Detailinformationen

Der folgende Text enthält zahlreiche Einzelinformationen, die erst einmal sortiert werden müssen.

PROBIEREN SIE ES AUS!
Ordnen Sie die Informationen des folgenden Textes in einem Mindmap!

Tätowierung
Eine **Tätowierung** (wissenschaftlich auch *Tatauierung*, umgangssprachlich (engl.) *Tattoo*) ist ein Motiv, das mit Tinte oder anderen Farbmitteln in die Haut eingebracht wird. Dazu wird die Farbe in der Regel von einem Tätowierer mit Hilfe einer Tätowiermaschine durch eine oder mehrere Nadeln (je nach gewünschtem Effekt) in die zweite Hautschicht gestochen und dabei ein Bild oder Text gezeichnet. In der Literatur finden sich Hinweise auf Tätowierungen als *Mitgliedszeichen*, rituelles oder sakrales Symbol, Ausdrucksmöglichkeit für *Abgrenzung* (siehe auch Bourdieu) und Exklusivität, Mittel zur *Verstärkung sexueller Reize*, *Schmuck*, *Protest* (Punk) und nicht zuletzt die der politischen *Stellungnahme*. Mit sogenannten *Knast-Tätowierungen* können Rangfolgen und „Kastenzugehörigkeiten" etwa durch das *Kreuz der Diebe* dargestellt werden, sowie Funktionen, die der Häftling während der Gefangenschaft innehatte, wie beispielsweise „Schläger", „Rowdy", „Aufrührer" oder „Boss". Waren Anfang des 20. Jahrhunderts Tätowierungen fast nur bei Seeleuten, Soldaten, Angehörigen der Unterwelt oder Häftlingen zu sehen, so entwickelte sich in den späten 1980er Jahren wieder ein gewisser Modetrend zu Tattoos. Vor allem gewisse Musikszenen machten Tätowierungen zu einem Bestandteil ihrer Subkultur. Tätowierungen hatten ursprünglich im Westen das Stigma des Matrosen oder Sträflings, erfreuen sich aber spätestens seit den 1990er Jahren größerer Beliebtheit.

Was vorwiegend als Ausdruck einer Jugendkultur begann, die auch Piercing und Branding umfasst, ist heute in breiten Gesellschaftsschichten vorzufinden. Die Sitte des Tätowierens hat sich bei den verschiedenen Völkern der Erde selbständig und unabhängig voneinander entwickelt. Im Norden Chiles wurden 7000 Jahre alte Mumien gefunden, die Tätowierungen an Händen und Füßen aufwiesen. Die Gletscher-Mumie Ötzi trug vor über 5000 Jahren mehrere Zeichen, die mit Nadeln oder durch kleine Einschnitte unter die Haut gebracht worden waren. Eine sehr lange Tradition haben Tätowierungen (jap. *Irezumi*) in Japan. Die Anfänge der Tätowierung in Japan liegen vermutlich bei den Ainu. Zu Beginn der Edo-Zeit (1603 bis 1868) waren Tätowierungen unter anderem bei Prostituierten und Arbeitern sehr beliebt. Ab 1720 wurde die Tätowierung als eine Art Brandmarkung für Kriminelle eingesetzt, weshalb sich „anständige" Japaner nicht mehr tätowieren ließen. In letzter Zeit erfreuen sich auch in westlichen Kulturen Tätowierungen im japanischen Stil wachsender Beliebtheit. Timm Ulrichs hat in den Jahren 1975 bis 1977 in Zusammenarbeit mit den Tätowierern Manfred Kohrs (Hannover) und Horst Heinrich Streckenbach (Frankfurt/Main) einige künstlerische Projekte erstellt. Ulrichs hat mit traditionellen Tätowiermotiven auf Leinwand gearbeitet, aber auch als „Totalkünstler" selbst mit Tattoos experimentiert. Sowohl das deutsche Wort ‚tätowieren' als auch das englische ‚Tattoo' haben ihren Ursprung im Tahiti-Wort *tatau*. Dieses Wort hat sich vermutlich lautmalerisch aus dem Geräusch entwickelt, das beim Schlagen auf den in Polynesien traditionell benutzten Tätowierkamm entsteht.

Wikipedia (20.8.2018)

Wenn für Ihre Arbeit alle angesprochenen Aspekte wichtig sind, könnte das Mindmap wie folgt aussehen:

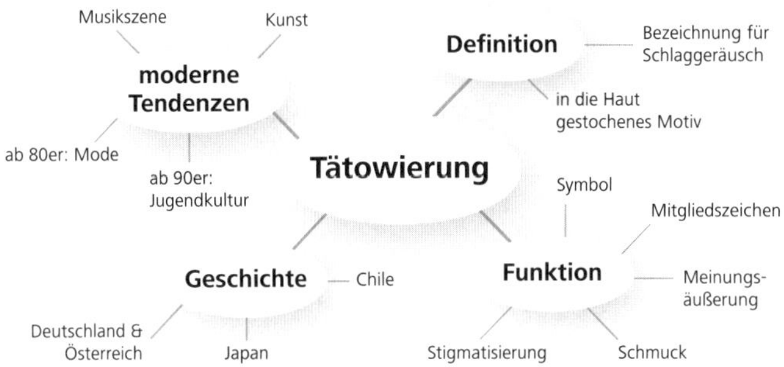

Abb. 8: Mindmap zum Text „Tätowierung"

3. Flussdiagramm

Wenn bei einem Text weniger die Detailinformationen wichtig sind als vielmehr die Argumentation, wählen Sie ein Flussdiagramm, um die Argumentationsschritte nachzuvollziehen. Rekonstruieren Sie die unter der Textoberfläche liegende Argumentationskette:

- Wovon geht die Argumentation aus?
- Welche Schritte folgen aufeinander?
- Zu welchem Ziel führt die Argumentation?

Wenn Sie z.B. die Argumentation des folgenden Textes nachvollziehen wollen, müssen Sie sich zunächst den geschilderten Ablauf vergegenwärtigen.

Brasiliens Regenwald in Gefahr
Tiefe Wunden haben Viehzüchter in den tropischen Regenwald Brasiliens geschlagen, um die Lust des Menschen auf Fleisch zu befriedigen. Wie schwierig die natürliche Wiederbewaldung des baumlosen Graslandes jedoch ist, zeigt die Untersuchung der Ameisenpopulation: Infolge der Rodung, so haben Wissenschaftler auf einer brasilianischen Ranch jetzt herausgefunden, haben sich dort vor allem graslandbewohnende Ameisenarten angesiedelt. Fatal für den Regenwald ist, dass zwei dieser Ameisenarten mit Vorliebe Baumsamen fressen, die weniger als zwanzig Milligramm wiegen. Das ist genau die Schwelle, unter der das Samengewicht vieler tropischer Baumarten liegt. Andere Ameisenarten sind den Bäumen zwar eher dienlich, indem sie zum Beispiel den Boden auflockern. Doch solange die Überzahl der Samenräuber nicht gebremst wird, sehen die Forscher schwarz für eine Regenerierung des Baumbestandes, selbst wenn das Vieh nach einigen Jahren die ausgelaugten Weiden verlässt.

(*Zeit* 1993/Ausgabe 23)

Wie es zur Gefährdung des Regenwaldes kam, lässt sich in einem Flussdiagramm folgendermaßen darstellen:

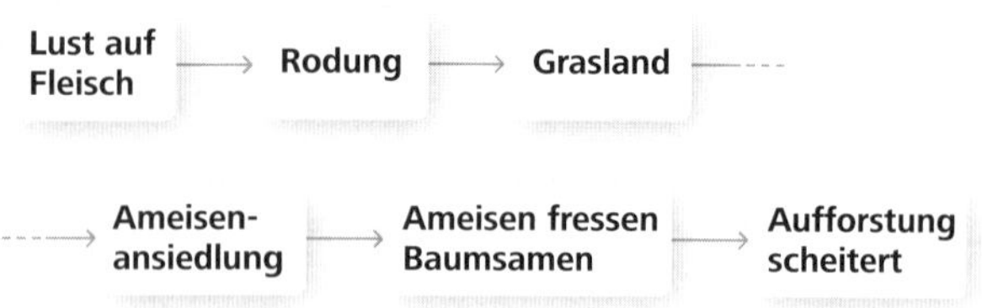

Abb. 9: Flussdiagramm zum Text „Brasiliens Regenwald in Gefahr"

Das Flussdiagramm kann auch mehrsträngig angelegt werden, wenn z.B. ein einziger Auslöser verschiedene Konsequenzen hat oder es mehrere Ursachen für ein Phänomen gibt. So könnte ein Flussdiagramm zum Thema „Die Wirkung von Tätowierungen“ etwa wie in Abbildung 10 aussehen.

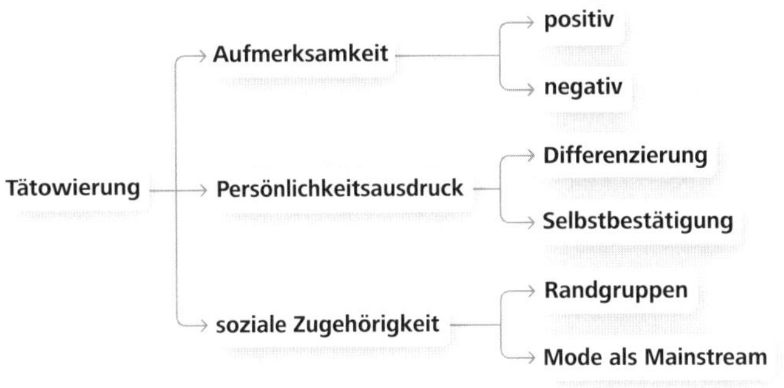

Abb. 10: Flussdiagramm zum Thema „Tätowierung“

4. Strukturskizze

Mitunter müssen Sie eine Argumentation nachvollziehen, die nicht linear verläuft, sondern in mehreren Schichten. So wird z.B. eine These mit verschiedenen Argumenten untermauert, es folgt eine in der Forschung vertretene Gegenthese mit eigenen Argumenten, daraus zieht die Autorin anschließend ein eigenes Fazit. Am besten schreiben Sie sich im Lektüreprozess die jeweiligen Strukturmerkmale „These – Argumente – Gegenthese – Argumente – Fazit“ bereits an den Rand des Textes. Das hilft Ihnen, die Argumentationsstruktur besser zu verstehen. Nach der Lektüre schreiben Sie die einzelnen Schritte mit entsprechenden Stichworten oder kurzen Sätzen heraus.
Betrachten wir den folgenden Text zum Thema „Das Komplott gegen die Alten“.

Gunhild Gutschmidt
Das Komplott gegen die Alten

Die Menschen hierzulande sind einem uralten Traum näher gekommen. Dank guter Ernährung, moderner Medizin und einer fast sechzig Jahre währenden Friedensepoche ist die durchschnittliche Lebenserwartung höher denn je zuvor. Eine erfreuliche Entwicklung, sollte man meinen. Das Gegenteil scheint jedoch der Fall zu sein. Über die statistische Zunahme an Lebensjahren wird die Öffentlichkeit informiert wie über eine bevorstehende Naturkatastrophe:" Rentnerschwemme naht!", „Hilfe wir vergreisen!", „Statistiker warnen vor Überalterung!"

An dieser Stelle kommt regelmäßig die Forderung nach mehr „Generationengerechtigkeit" ins Spiel, nach gerechter Verteilung der finanziellen Lasten auf alle Generationen. Eine, wie es scheint, sinnvolle Forderung. Tatsächlich aber ist das Schlagwort von der mangelnden Generationengerechtigkeit zu einem populistischen Begriff geworden. Es wird benutzt, „um über die wachsende soziale Ungleichheit innerhalb jeder einzelnen Altersgruppe schweigen zu können", so der Kölner Politikwissenschaftler Christoph Butterwegge. Nicht nur das. Die Forderung nach Generationengerechtigkeit wird auch benutzt, um Jung gegen Alt aufzuhetzen.

Zwar beruht tatsächlich unsere gesetzliche Rentenversicherung auf einem ungeschriebenen Vertrag zwischen den Generationen. Aus den Rentenbeiträgen der Erwerbstätigen wird die Rente der jetzigen Rentner finanziert. Gleichzeitig erwerben die Jüngeren mit ihren Beiträgen so genannte „Anwartschaften", auf deren Einlösung sie als Rentner einen Rechtsanspruch haben. Dieser Generationenvertrag ist auf Gegenseitigkeit angelegt. Allerdings können die wenigen Kinder, die heute geboren werden, – so heißt es – die vielen Alten nicht mehr mit ihren Beiträgen subventionieren. Tatsächlich ist der Generationenvertrag aber generell gar nicht auf viele Kinder angewiesen, sondern darauf, dass diese Kinder als Erwachsene bezahlte, versicherungspflichtige Arbeit haben. Arbeitslosigkeit, prekäre Beschäftigung und Niedrigeinkommen haben aber in den letzten Jahren dafür gesorgt, dass immer weniger in die Rentenkasse fließt. Zugleich werden immer mehr Erwerbstätige vorzeitig zu Rentnern „gemacht", manche schon ab Mitte 50: zur Entlastung von Arbeitgebern, zur Belastung der Rentenkassen.

Zu den beliebten Argumenten für mehr Generationengerechtigkeit gehört die These von den Alten im Wohlstand und den vielen Kindern in Armut. In Wirklichkeit gibt es arme und reiche Rentner- und es gibt Kinder an der Armutsgrenze und solche mit Geld. Innerhalb der Jungen gibt es größere soziale Unterschiede als zwischen Jung und Alt. Personen unter 18 Jahren machen hierzulande mehr als ein Drittel (37 Prozent) der Sozialhilfebezieher aus. Was aber hat dieses hohe Sozialhilferisiko von Kindern mit den gesicherten Altersrenten zu tun? Gar nichts.

Ein beliebtes Klischee besagt, der Mensch werde mit zunehmendem Alter zu teuer für das Sozialsystem. Er werde kränker, brauche teuere Medikamente und Operationen, und das auf Kosten der Jungen. Die Wirtschaftsexperten allerdings kommen zu ganz anderen Ergebnissen: nicht bei den Hochbetagten fallen besonders hohe Kosten an, sondern bei Schwerkranken im *mittleren* Erwachsenenalter.

Warum wird die Botschaft von den „teuren" Alten verbreitet, ohne Rücksicht auf ihren Wahrheitsgehalt? Es geht nicht um die Wahrheit. Halbwahrheit oder Unwahrheit, es geht um Kostensenkung. Die Botschaft verfehlt ihre Wirkung nicht. Denn die Behauptung, die Alten kämen die Jungen teuer zu stehen, wird bei ständiger Wiederholung zwar nicht wahrer, aber sie wird geglaubt. Und damit ist das Klima vergiftet.

Psychologie heute 05/2004

In diesem Text geht die Autorin nach einem Problemaufriss von denjenigen Argumenten aus, die sie widerlegen will, und baut Schritt für Schritt ihre Gegenargumentation auf. Eine Strukturskizze des Textes könnte wie in Abbildung 11 aussehen.

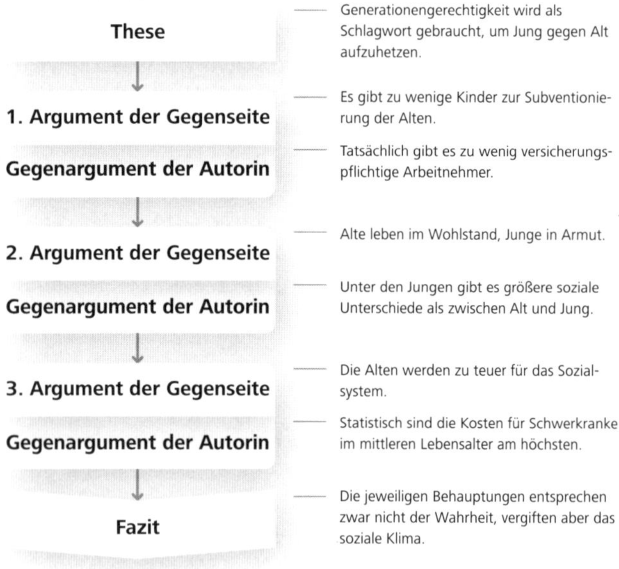

Abb. 11: Strukturskizze zum Text „Das Komplott gegen die Alten"

5. Tabelle

Wenn es darauf ankommt, kontroverse Standpunkte zu referieren, richten Sie eine Tabelle mit 3 Spalten ein: Tragen Sie in einer Spalte die Argumente des einen Textes ein, in der anderen Spalte die Aussagen der Gegenposition und in der dritten Ihre eigene Stellungnahme. So gewinnen Sie einen Überblick über die Argumente und können anschließend selber Stellung beziehen. Achten Sie darauf, dass es nicht immer zu einem Argument der einen Seite auch ein Argument der anderen Seite gibt. Manche Argumente finden sich nur bei dem einen Autor, manche nur bei der anderen Autorin. Dennoch müssen Sie zu beiden Stellung beziehen.

Nehmen wir als Beispiel die Diskussion um das bedingungslose Grundeinkommen. In den folgenden Texten finden Sie zwei unterschiedliche Positionen vertreten, die Sie einander gegenüberstellen sollen.

Geld für wirkliche Freiheit

Bedingungsloses Grundeinkommen bedeutet, dass der Staat die Menschen bezahlt, weil sie am Leben sind. Ohne Zwang, ohne Bedingungen – und zwar alle. Obwohl diese Idee bisher nur in Modellversuchen getestet wurde, polarisiert sie wie wenige andere Projekte. Das ist nicht verwunderlich, denn ein existenzsicherndes Grundeinkommen käme wegen seiner Bedingungslosigkeit einer sozialpolitischen Revolution gleich. Es würde den Zwang zur Arbeit abschaffen, welcher der Logik des Arbeitsmarktes immanent ist.

Warum „reale Freiheit“ mehr ist als die Garantie formaler Rechte

Der belgische Philosoph Van Parijs prägte den Begriff *real Freedom* („reale Freiheit“). Was ist mit dieser realen Freiheit gemeint? Van Parijs ist Liberaler und als solcher Anhänger der Idee individueller Freiheitsrechte. Doch die klassischen formalen Rechte genügen ihm nicht, um von echter Freiheit zu sprechen. Denn was nutzt die Meinungsfreiheit, wenn man sich keine Bildung leisten kann? Und was bringt die Reisefreiheit, wenn Menschen kein Geld haben? Zugespitzt: Wem nutzt Freiheit, wenn man verhungert?

Die Verwirklichung der Freiheitsrechte hängt also vom ökonomischen und sozialen Status ab – besonders in der kapitalistischen Welt, wo die Freiheit des Einzelnen nicht erst da endet, wo die eines anderen beginnt, sondern schon dort, wo die Kaufkraft des eigenen Geldbeutels aufhört. Das bedingungslose Grundeinkommen hingegen meint keine abstrakte, sondern eine tatsächliche, reale Freiheit. Das wird aber nicht allein durch ein existenzsicherndes Einkommen, etwa im Sinne der deutschen Sozialsysteme, erreicht, sondern vor allem dadurch, dass diese materielle Basis bedingungslos allen Menschen gewährt wird.

Ein Mehr an Autonomie würde wegen des emanzipatorischen Charakters einen neuen Umgang mit ethisch oder ökologisch zweifelhafter Arbeit ermöglichen und die Emanzipation bisher benachteiligter Gruppen. Auch könnte die Frage neu beantwortet werden, ob und wie man zwischen Erwerbs- und Erziehungsarbeit, Ehrenamt, künstlerischer Betätigung oder Pflegetätigkeiten hin- und herwechseln kann.

Zudem hätte ein bedingungsloses und existenzsicherndes Grundeinkommen noch weitere positive Effekte im liberalen Sinn, etwa die Vergrößerung der Chancengleichheit. So könnte sogar die diffuse liberale Vorstellung der Leistungsgerechtigkeit gestärkt werden, da sich Anstrengung eher im Verdienst niederschlagen könnte und weniger von ungleichen Startchancen abhinge. Erst durch ein garantiertes Grundeinkommen können Menschen wirklich frei entscheiden, was sie tun wollen.

Eine Horde Sozialschmarotzer?

Würden sie sich für die Faulheit entscheiden, wie Kritiker des Grundeinkommens behaupten? Diese Frage bleibt bis zur Einführung offen – und ist bis dahin vom jeweiligen Menschenbild abhängig. Vieles spricht aber gegen das kaltherzige Bild des Homo oeconomicus, eines allein seine eigenen Interessen maximierenden Individuums. Denn neben dem Monetären gibt es viele weitere Gründe zu arbeiten, etwa soziale Integration, Selbstverwirklichung, Stolz oder Anerkennung. Und 1.000 Euro monatlich würde den meisten wohl nicht reichen.

Auch über die Finanzierung des Grundeinkommens wird heftig gestritten. Doch aufgrund des hohen Produktionsniveaus und unter dem Eindruck etlicher seriöser Studien scheint dies eher eine Frage des politischen, denn des ökonomischen Willens. Die Studien gehen davon aus, dass das Grundeinkommen bei entsprechender Besteuerung bezahlbar wäre.

Letztlich geht es darum, was liberal ist. Und was man somit wirklich unter der epochalen Idee der Freiheit versteht.

(*Timo Reuter, Zeit online* 2.2.2016: https://www.zeit.de/politik/2016-01/bedingungsloses-grundeinkommen-schweiz-liberalismus-krise-freiheit-finanzierung)

Das Grundeinkommen macht nicht frei

Technologischer Wandel und Globalisierung haben einigen Menschen enorme Freiheiten und Chancen eröffnet. Viele andere fühlen sich durch diese Entwicklungen bedroht, bangen um ihre Arbeit, fürchten eine zunehmende Abhängigkeit vom Staat und weniger individuelle Freiheit.

Manche in der Politik – und immer mehr auch in Wissenschaft und Gesellschaft – betrachten eine stärkere Umverteilung durch den Sozialstaat als die beste Lösung. Einige fordern ein bedingungsloses Grundeinkommen, bei dem jeder Mensch monatlich ohne Auflagen und Gegenleistungen eine feste Summe erhält. Damit werde Freiheit geschaffen, behaupten die Befürworter, denn niemand sei mehr von wirtschaftlichen Zwängen abhängig, um seinen Lebensunterhalt zu gestalten. Sie betonen vier Stärken: Es sei egalitär, liberal, individualistisch und wirtschaftlich sinnvoll. Ein genaues Hinschauen zeigt jedoch, es hat keine dieser Eigenschaften.

Ein bedingungsloses Grundeinkommen, beispielsweise in Höhe von 1.000 Euro pro Person und Monat, wäre egalitär in dem Sinne, dass es alle gleich behandelt. Eine ungewöhnliche, enge Definition von „egalitär", denn es unterscheidet nicht zwischen Chancengerechtigkeit, Verteilungsgerechtigkeit und Leistungsgerechtigkeit. Ein bedingungsloses Grundeinkommen würde, zumindest nach den meisten bisher gemachten Vorschlägen, die Ärmsten und vor allem Beschäftigte mit geringen Einkommen entlasten; es würde jedoch im Gegenzug die Mittelschicht stärker belasten und die Reichsten weniger stark besteuern.

Geld allein macht nicht glücklich

Die Diskussion um das bedingungslose Grundeinkommen lässt außerdem die Chancengleichheit außen vor. Manche Menschen benötigen mehr staatliche Hilfe und Unterstützung als andere, um ihre Fähigkeiten zu entwickeln und sich in Wirtschaft und Gesellschaft einbringen zu können. Das bedingungslose Grundeinkommen ist in diesem Sinne eben nicht egalitär, sondern blind gegenüber den unterschiedlichen Bedürfnissen jedes Einzelnen.

Der zweite Widerspruch ist, dass ein Grundeinkommen gar nicht so liberal ist, wie behauptet. Die Idee eines Zuschusses, der Menschen vom Druck befreit, sich um Arbeit und Einkommen aktiv kümmern zu müssen, beruht auf einer einseitigen Definition von Freiheit. Die Befürworterinnen und Befürworter unterstreichen, dass es die Menschen nicht mehr „fordert", sondern nur noch „fördert", und jeder somit unabhängig vom jeweiligen Lebensmodell Unterstützung erhält. Ist es aber wirklich richtig und erwünscht, nicht gefordert zu werden? Wir wissen aus der Glücksforschung, dass Zufriedenheit nur relativ schwach vom Einkommen und den eigenen wirtschaftlichen und finanziellen Bedingungen abhängt. Genauso wichtig ist es, Teil einer Gemeinschaft zu sein, Anerkennung und Respekt zu erhalten und Verantwortung für sich und andere zu übernehmen.

Deshalb ist eine Umwandlung des gegenwärtig bedingten Grundeinkommens in ein bedingungsloses Grundeinkommen nicht zielführend und muss nicht zu mehr Lebenszufriedenheit und Glück führen. Ganz im Gegenteil, es ist nicht nur Recht, sondern kann auch die Pflicht des Staates sein, seine Bürgerinnen und Bürger zu fordern, und dies nicht nur zum Wohle der Gemeinschaft, sondern auch im Interesse des Einzelnen.

Es droht eine Zweiklassengesellschaft

Der vierte Irrglaube ist, ein bedingungsloses Grundeinkommen wäre wirtschaftlich neutral oder könne positive Wirkungen entfalten. Viele argumentieren, dass vor allem Menschen mit geringen Einkommen und schlecht bezahlten Jobs ihre Arbeit bei einem bedingungslosen Grundeinkommen nur dann fortführen würden, wenn sie höhere Löhne erhielten. So würden sich die Machtverhältnisse auf dem Arbeitsmarkt von Arbeitgeberseite zu den Arbeitnehmerinnen und Arbeitnehmern verschieben.

Diese Annahme spiegelt jedoch einen blinden und grundlegend falschen Glauben in das Funktionieren von Märkten wider. Umfragen zufolge würden nämlich einige Berufstätige nach der Einführung eines bedingungslosen Grundeinkommens überhaupt nicht mehr oder weniger arbeiten. Das würde die Wirtschaftsleistung und damit auch den zu verteilenden Wohlstand in Deutschland reduzieren. Die Erwerbstätigkeit und die Einkommen würden deutlich unter das Niveau von vor 15 Jahren sinken.

Grundeinkommen nur für Deutsche?

Nehmen wir das Beispiel der enorm wichtigen Altenpflege, die bereits heute vergleichsweise gering entlohnt wird. Würde ein bedingungsloses Grundeinkommen die Löhne hier steigen lassen? Wahrscheinlich nein. Erst einmal würde die große Mehrheit der Löhne sinken, da Wirtschaftsleistung und Kaufkraft deutlich abnehmen. Die geringere Beschäftigung unter Deutschen würde lediglich zu einem Anstieg der Zuwanderung anderer EU-Bürgerinnen und -Bürger führen, die die freiwerdenden Stellen ausfüllen würden. Viele Befürworter wollen auch deshalb das bedingungslose Grundeinkommen auf Deutsche beschränken. Das wäre jedoch unvereinbar mit dem europäischen Binnenmarkt und würde Deutschland in eine Zweiklassengesellschaft spalten, ein unhaltbarer Zustand.

Das bedingungslose Grundeinkommen ist die falsche Antwort auf die Herausforderungen unserer Zeit. Es ist weder egalitär noch liberal noch individualistisch noch wirtschaftlich förderlich. Es würde lediglich die gesellschaftliche Polarisierung zementieren, aber nicht mehr Freiheit und Chancen schaffen.

(*Marcel Fratzscher, Zeit online* 28.4.2017: https://www.zeit.de/wirtschaft/2017-04/bedingungsloses-grundeinkommen-ungleichheit-globalisierung)

Bei diesem Thema würden Sie wahrscheinlich sogar mehr als 2 verschiedene Positionen finden. Entsprechend richten Sie in Ihrer Tabelle 3, 4 oder mehr Spalten ein.

Formulieren Sie Ihre Exzerpte in jedem Fall so, dass Sie Ihre Arbeit zunächst nur mit Hilfe dieser Exzerpte schreiben können. Den Originaltext sollten Sie nur ausnahmsweise noch einmal zur Hand nehmen, um z.B. die zentrale Position eines Autors nochmals zu überprüfen oder um ein wörtliches Zitat zu übernehmen.

Reuter	**Fratzscher**	**meine Position**
kein Zwang zur Arbeit	gefordert werden ist wichtig	
Chancengleichheit	ungleiche Bedürfnisse bleiben unberücksichtigt	
viele Menschen würden weiter arbeiten	Wirtschaft nähme Schaden durch weniger Erwerbstätigkeit	
Verwirklichung der Freiheitsrechte muss bedingunglos sein	–	
Wechsel zwischen bezahlter und unbezahlter Arbeit erleichtert	–	
freie Entscheidung für eine Arbeit	–	
Finanzierung über Steuern möglich	–	
–	Anstieg der Zuwanderung wegen freier Stellen	
–	Löhne würden sinken	

Abb. 12: Tabelle zum Thema „Bedingungsloses Grundeinkommen"

Kopieren Sie nur wenig!

Machen Sie sich klar, dass Kopieren kein Ersatz für eigenes Exzerpieren darstellt! Kopieren Sie möglichst nur Seiten mit kompakten Zusammenfassungen und mit Zitaten, die Sie vielleicht später in Ihre Arbeit einfügen wollen.

3.9 Wie arbeite ich Forschung in meine Arbeit ein?

Wie Sie Forschung wiedergeben, hängt davon ab, was für eine wissenschaftliche Arbeit Sie schreiben und an welcher Stelle Ihrer Arbeit Sie Forschung einarbeiten.

1. Forschung als Argumentationshilfe

Am häufigsten setzen Sie Forschungsliteratur ein, um in Ihrer Arbeit eine bestimmte Position zu vertreten und zu begründen. Fragen Sie sich zuerst, welches Ziel Sie mit Ihrer Arbeit verfolgen:

- Was wollen Sie beweisen?
- Wie wollen Sie es beweisen?
- Welche Forschungspositionen unterstützen Ihre Hypothesen?
- Welche Gegenpositionen gibt es?
- Welche Beispiele stützen Ihre Position?

Wählen Sie zunächst diejenigen Argumente aus, die Ihre Hypothese stützen. Anschließend überlegen Sie, bei welchen wichtigen Argumenten Sie eine Gegenmeinung anführen wollen, um sie zu widerlegen. Fügen Sie Argumente und Gegenargumente in Ihren Schreibplan ein (vgl. Kap. 5.1).

Schreiben Sie dann zuerst Ihre eigene Argumentation. Arbeiten Sie dabei schon sinngemäße/wörtliche Zitate ein, wenn Sie bereits wissen, welche Sie wählen wollen.

TIPP
Wenn Sie noch keine Auswahl getroffen haben, lassen einen Leerraum für spätere Forschungszitate. Formulieren Sie aber schon stichwortartig, worum es in dem Zitat gehen soll. Das erleichtert Ihnen später die gezielte Suche.

Kennzeichnen Sie in jedem Fall deutlich, auf welche Sekundärliteratur Sie sich berufen. Wenn Sie beide Seiten einer Argumentation dargestellt haben, beziehen Sie Stellung, indem Sie Ihre Sicht nochmals begründet mit Bezug auf die Forschungsliteratur bekräftigen (vgl. Kap 5.5).

Gehen Sie von *einem* wichtigen Forschungsbeitrag aus!

Am einfachsten ist es für Sie, zunächst von *einem* Forschungsbeitrag auszugehen, der die wichtigsten Argumente enthält, die auch Sie in Ihrer Arbeit verwenden möchten. Bauen Sie Ihre Argumentation mit Unterstützung dieses Aufsatzes/Buches auf und ziehen Sie erst danach weitere Sekundärliteratur, die Sie zuvor schon gelesen haben, ergänzend hinzu. So behalten Sie jederzeit den Überblick.

Sie müssen nicht die gesamte Sekundärliteratur, die Sie gelesen haben, in Ihrer Arbeit unterbringen. Wählen Sie aus und beziehen Sie sich nur auf einige besonders ergiebige Texte. Es genügt vollkommen, wenn Sie zu Ihren Hypothesen jeweils ein oder zwei Forschungsmeinungen anführen.

Um einen Forschungsbeitrag wiederzugeben, können Sie die folgenden Formulierungen nutzen:

FORMULIERUNGEN FÜR DIE FORSCHUNGS-WIEDERGABE

Der Autor/die Autorin
behandelt
untersucht
entwickelt
vergleicht
überprüft
beschreibt
analysiert

Für die Wiedergabe der Ergebnisse eines Forschungsbeitrags stehen andere Formulierungen zur Verfügung:

FORMULIERUNGEN FÜR FORSCHUNGS-ERGEBNISSE

Der Autor/die Autorin
weist nach
belegt
stellt fest
führt aus
hebt hervor
behauptet
argumentiert

2. Forschungsüberblick in der Einleitung

Ein sehr knapper Literaturüberblick kann in der Einleitung einer Arbeit die wichtigsten Richtungen der aktuellen Forschungsdiskussion darstellen. Es geht nicht darum, einzelne

Studien ausführlich zu referieren, sondern darum, verschiedene Positionen zu skizzieren.

Nehmen wir an, Sie bearbeiten das Thema „Armut in deutschen Großstädten". Dann könnte Ihr knapper Literaturüberblick folgendermaßen aussehen:

Beispiel
Seit den 80er Jahren wird in der Soziologie das Konzept der „Neuen Armut" diskutiert, die im Widerspruch zum ökonomischen Aufschwung steht (Leibfried u.a. 1995). In dieser neuen „Armut im Wohlstand" (Döring u.a. 1990) unterscheidet man zwischen Ressourcenansatz und Lebenslagenansatz (Alisch u.a. 1998). Beim Ressourcenansatz wird nur der materielle Besitz berücksichtigt, der das sozio-kulturelle Existenzminimum sichert (Dietz 1997). Der Lebenslagenansatz bezieht neben den „harten" materiellen Dimensionen auch „weiche" Dimensionen wie Ernährung, Umwelt, Gesundheit und Partizipation ein (Glatzer/Hübinger 1990).

Meistens wird in der ersten Hausarbeit allerdings noch gar kein Forschungsüberblick verlangt. Falls doch, können Sie sich an obigem Beispiel orientieren. Im Zweifelsfall fragen Sie nach!

3. Forschung als methodische Grundlage

Wenn Sie in Ihrer Arbeit eine bestimmte Methode oder Theorie verwenden, müssen Sie Ihr Verfahren anhand der Forschungsliteratur darstellen. Umreißen Sie kurz, wovon die Theorie handelt/was das Modell beschreibt und erklären Sie anschließend nur die Aspekte ausführlicher, die Sie für Ihr Thema tatsächlich brauchen. Ansonsten verweisen Sie auf eine Quelle, die die Methode/das Modell beschreibt.

Wenn Sie das Thema „Eye Tracking in der Printwerbung" gewählt haben, fassen Sie das Modell folgendermaßen zusammen:

Beispiel
Die Studie zur Wirkung von Eye Tracking in Werbeanzeigen stützt sich auf das Stimulus-Organismus-Response-Modell (Foscht, Swoboda 2009): Reize (S) treffen auf den Organismus (O) und werden dort je nach Impuls unterschiedlich verarbeitet (R). Für Werbemaßnahmen ist es dabei besonders wichtig zu erfahren, welche Reize besonders schnell und besonders häufig erfasst werden. Dies lässt sich mit Hilfe des Eye-Tracking-Verfahrens feststellen, das Blickverläufe beobachtet und nachzeichnet (Duchowski 2007).

4. Beschreibende Literaturarbeit

Deskriptive Literaturarbeiten werden selten vergeben, weil sie lediglich den Forschungsstand referieren. Sie fassen den Forschungsstand zu einem Thema zusammen, stellen verschiedene Forschungspositionen dar und setzen sie zueinander in Beziehung.

So könnten Sie etwa eine deskriptive Literaturarbeit mit dem Titel „Frauen auf Kreuzzügen – ein Literaturbericht" schreiben.

3.10 Wie zitiere ich richtig?

Man unterscheidet indirekte und direkte Zitate. Sowohl indirekte als auch direkte Zitate müssen mit einem Quellennachweis versehen werden.

Indirekte Zitate geben Gedanken der Forschung sinngemäß in eigenen Worten wieder.

1. Das indirekte Zitat

Da Sie in Ihrer Arbeit hauptsächlich Erkenntnisse der Forschung verarbeiten, müssen Sie überwiegend indirekt zitieren. Geben Sie die Gedanken eines Autors/einer Autorin wieder, indem Sie mehrere Aussagen in eigenen Worten zusammenfassen und sie in Verbindung mit Ihrer Behauptung bringen. Diese Aussagen stehen nicht in Anführungszeichen, sondern werden durch Quellennachweise als indirekte Zitate gekennzeichnet.

Nennen Sie immer Ihre Quelle!

Jeder Gedanke, den Sie aus der Forschung übernehmen, muss gekennzeichnet werden. In den Geisteswissenschaften ist es üblich, ausdrücklich auf den Autor zu verweisen. Wenn Sie über mehrere Absätze hinweg ein und denselben Autor zitieren, müssen Sie am Anfang eines neuen Absatzes jeweils deutlich machen, dass Sie sich noch immer auf dieselbe Quelle beziehen. Dafür stehen Formulierungen wie „ebenso behauptet Müller", „nach Müller", „ferner weist Müller nach" bereit.

Wählen Sie den Indikativ!

Früher war es üblich, jede Wiedergabe fremder Gedanken in den Konjunktiv zu setzen. Heute können Sie stattdessen den Indikativ benutzen, wenn Sie klar markieren, welche Aussagen Sie von welchem Forscher übernehmen. Sätze im Indikativ lesen sich nämlich vor allem bei längeren Gedankengängen flüssiger als Formulierungen im Konjunktiv.

Beispiel
Müller argumentiert, dass funktionierende soziale Netze die Auswirkungen von Armut abmildern können.
In derselben Studie vertritt Müller die These, dass Kinderarmut nur durch eine mehrdimensionale Armutsdefinition wie das Lebenslagenkonzept erfasst werden kann.

Präsens oder Präteritum?

Forschungspositionen werden im Präsens wiedergegeben. Lediglich für Beschreibungen von Untersuchungen oder Prozessen, die zu den referierten Ergebnissen geführt haben, wählt man Präteritum oder Perfekt.

Beispiel
Analysten der XWEB-Group fanden im Rahmen ihrer Studie „Eye Tracking und Webdesign" auf der Basis von 10000 Interviews mit Online-Käufern heraus, dass die Betreiber von Online-Shops ihre Verkäufe durch Optimierung der Web-Usability um bis zu 62% steigern können. Durch weniger telefonische Kundenrückfragen sparen die Unternehmen zusätzlich nochmals ca. 68% an direkten Kosten ein.

Je nach Studienfach können Sie aber auch Erkenntnisse der Forschung ohne ausdrückliche Nennung des Autors im Text referieren und anschließend in Klammern die Quelle nennen. Dies ist vor allem in den Natur-, Wirtschafts- und Sozialwissenschaften üblich.

Beispiel
Armut bedeutet eine Abkoppelung von gesellschaftlicher, kultureller und wirtschaftlicher Teilhabe, die ganz unterschiedliche Bereiche des täglichen Lebens betrifft (Müller, 2017: 36).

Kennzeichnen Sie Ihre eigenen Gedanken!

Sobald Sie im Anschluss an die Forschung eigene Gedanken formulieren, leiten Sie diese mit einer kennzeichnenden Formel ein: „für Müllers Position spricht" oder „mit Müller lässt sich argumentieren" oder „hier zeigt sich". Wenn Sie eine abweichende Meinung vertreten, markieren Sie diese ebenfalls durch einleitende Formulierungen wie „hier wäre zu fragen" oder „Müllers Position überzeugt allerdings nur teilweise".

2. Das wörtliche Zitat

Das direkte oder wörtliche Zitat verwenden Sie viel seltener als das indirekte. Wie häufig Sie wörtlich zitieren, hängt auch von Ihrem Fach ab: In den Geisteswissenschaften z.B. werden wörtliche Zitate häufiger gesetzt als in den Wirtschaftswissenschaften, in den Naturwissenschaften entfallen sie ganz.

Bauen Sie kurze Zitate in den Fließtext ein!

Kurze Zitate werden in Anführungszeichen gesetzt und sprachlich möglichst in den Fließtext integriert.

> **Beispiel**
> Neben anderen Versäumnissen der Politik war auch, wie der Kölner Armutsforscher Christoph Butterwegge betont, die Agenda 2010 „ein Nährboden für den Rechtspopulismus" (Butterwegge 2017, S.1).

Ist das Zitat länger als drei Zeilen, wird es mit einzeiligem Zeilenabstand und wahlweise in einer kleineren Schrift (10 Punkte) geschrieben und eingerückt. Dabei entfallen die Anführungsstriche, weil durch das Einrücken deutlich wird, dass ein Zitat vorliegt.

Auslassungen innerhalb eines Zitats kennzeichnen Sie durch drei Punkte in eckigen Klammern […]

> **Beispiel**
> Die zuletzt regierenden Parteien haben die soziale Sicherheit der Menschen untergraben […] Das soziale Klima hat sich verschlechtert. (Butterwegge 2017, S.1).

Auslassungen am Anfang oder Ende eines Zitats müssen Sie nicht kennzeichnen.

Grammatisch notwendige Hinzufügungen/Auslassungen setzen Sie ebenfalls in eckige Klammern.

> **Beispiel**
> Die Folgen der Agenda 2010, eines „Nährboden[s] für den Rechtspopulismus", zeigten sich erst nach und nach (Butterwegge 2017, S.1).

Manchmal müssen Sie zum besseren Verständnis eine Ergänzung in den Text einfügen.

Wenn ein Zitat bereits doppelte Anführungsstriche enthält, werden sie durch einfache ersetzt.

> **Beispiel**
> „Er [Bernd Alois Zimmermann] schöpfte aus der musikalischen Tradition: Vom barocken Chorsatz bis zur Jazzcombo, von der Gregorianik bis zur seriellen ‚Zwölftönerei' machte er diese Kenntnisse wie kein Anderer für seine eigenen Kompositionen nutzbar" (Zednik 2018, S.1).

Der Punkt, der das Original abschließt, rückt in Ihrem Text nun hinter die Quellenangabe in Klammern.

Wann zitiere ich wörtlich?

Es gibt lediglich 4 Anlässe, um einen Text wortwörtlich in die eigene Arbeit zu übernehmen:

1. Interpretation einer Primärquelle

Sie wollen einen literarischen, philosophischen, politischen Text oder eine historische Quelle eingehend interpretieren. In diesem Fall zitieren Sie ein charakteristisches Stück des Textes wörtlich und analysieren und interpretieren es anschließend. Gehen Sie nie davon aus, dass der Text „für sich spricht". Jeder zitierte Text muss gedeutet und kommentiert werden.

2. Definition

Wenn Sie einen Fachbegriff definieren wollen, zitieren Sie einen Forscher/eine Forscherin wörtlich. Das erspart Ihnen eine eigene Definition und gewährleistet zugleich, dass die Definition korrekt ist. Sie müssen dann nur noch darauf achten, dass Sie den Begriff auch durchgängig so gebrauchen wie angegeben.

3. Diskussion einer Forschungsmeinung

Wenn Sie eine Behauptung der Forschung diskutieren wollen, deren Formulierung für das Verständnis maßgebend ist, zitieren Sie einen *kurzen* Ausschnitt und interpretieren Sie ihn anschließend.

4. Kernsätze

Wenn Sie in der Forschung auf einen Satz stoßen, der prägnant Ihre Position unterstreicht, so können Sie ihn ausnahmsweise wörtlich zitieren. Nutzen Sie diese Möglichkeit jedoch eher selten.

Muss ich jeden fremden Gedanken nachweisen?

Da Sie die meisten Aussagen Ihrer Arbeit irgendwo in der Forschung gefunden haben, müssten Sie eigentlich fast nach jedem Satz einen Quellennachweis führen. So würde Ihr Text aber mehr oder weniger unlesbar. Deshalb beschränken Sie sich darauf, klar erkennbare Übernahmen zu kennzeichnen.

Stellen Sie sich probeweise einen Leser vor, der die gesamte Forschung „auf dem Schirm hat". Wenn dieser Leser bei der Lektüre Ihrer Arbeit aufmerken würde, weil er eine Forschungsposition wiedererkennt, ist ein Zitatnachweis fällig. Das bedeutet, dass pures Faktenwissen ebenso wenig nachgewiesen werden muss wie Aussagen, die sich als Grundlagenwissen bei zahlreichen Forschern finden.

Um Plagiate zu vermeiden, geben Sie also nicht nur bei wörtlichen Zitaten die Quelle an, sondern ebenso bei der Übernahme fremder Gedanken und Aussagen. Im Zweifelsfall führen Sie lieber mehr als weniger Quellennachweise an.

3.11 Welche formalen Zitierregeln muss ich beachten?

Informieren Sie sich zunächst auf der Website Ihres Instituts. Wenn sich dort keine Hinweise finden, richten Sie sich nach den hier vorgestellten Beispielen. Neben diesen Beispielen gibt es noch zahlreiche andere Zitiervarianten, die alle gleichermaßen korrekt sind.

Fußnoten oder Klammern?

Klären Sie zuerst, ob in Ihrem Fach die Zitate in Fußnoten oder in Klammern nachgewiesen werden. Beides ist korrekt, jedoch müssen Sie wissen, was in Ihrem Fach üblich ist. Fußnoten sollten Sie in Ihrer ersten Hausarbeit nur für bibliografische Angaben nutzen, nicht für Erklärungen und zusätzliche Bemerkungen. Überlegen Sie, ob eine Information wichtig ist, dann gehört sie in Ihren Text, oder ob sie unwichtig ist, dann fällt sie weg.

Halten Sie sich an die einmal gewählte Zitierweise!

Wenn Sie sich für eine Zitierweise entschieden haben, bleiben Sie durchgängig dabei. Achten Sie dabei auf jedes Detail: Komma, Doppelpunkt, Klammer, Punkt. Wenn Sie in einer auf Deutsch geschriebenen Arbeit z.B. englische Literatur verwenden, erfolgen alle Angaben gemäß der deutschen Zitierweise, also z.B. nicht „p." für „page", sondern „S." für „Seite".

Fremdsprachige Zitate müssen Sie nur dann übersetzen, wenn die Kenntnis der jeweiligen Sprache nicht vorausgesetzt werden kann. Wenn Sie dem Original die Übersetzung in Klammern beifügen, dann merken Sie auch an, wenn Sie den Text selber übersetzt haben: (Übers. d. Verf.).

Beachten Sie auch, dass die früher übliche Abkürzung „ebd." (ebenda) bzw. „loc.cit." (loco citato) kaum mehr verwendet wird. Führen Sie stattdessen jedes Mal den Quellenbeleg in Langform oder Kurzform auf, wenn Sie wiederholt aus derselben Quelle zitieren.

1. Literaturangaben in Fußnoten

Fußnoten werden im Fließtext durch hochgestellte fortlaufende Ziffern am Ende eines Zitats markiert. Obwohl sich bei indirekten Zitaten der Literaturnachweis auf einen ganzen Absatz beziehen kann, steht das Fußnotenzeichen nach dem ersten Satz. Der anschließende Text muss dann deutlich machen, dass auch die nachfolgenden Ausführungen sich auf die genannte Quelle beziehen.

Manche Dozenten erwarten das Fußnotenzeichen erst am Ende des Absatzes. Fragen Sie deshalb im Zweifelsfall lieber nach.

Die Fußnote selber erscheint in kleinerer Schrifttype (10 oder 11 Punkt), einzeilig gesetzt, unter dem Zitierstrich und schließt immer mit einem Punkt. Nutzen Sie dafür die Fußnotenverwaltung Ihres Textverarbeitungsprogramms.

Der Vollbeleg
Nennen Sie Autor, Titel, Erscheinungsort, Verlag, Erscheinungsjahr und die Seitenzahl:
Matthias Warstat: Soziale Theatralität. Die Inszenierung der Gesellschaft. Paderborn: Fink 2018, S. 28.

> **TIPP**
> In manchen Zitiersystemen wird die Seitenzahl nur in direkten Zitaten verlangt. Sicherer ist es aber, in jedem Fall, also auch bei indirekten Zitaten, eine Seite anzugeben.

Der Kurzbeleg
Diese Variante herrscht heute vor. Führen Sie Autor, Erscheinungsjahr, Titel in Kurzform und Seitenzahl auf:
Warstat (2018): Soziale Theatralität, S. 28.

Das Sekundärzitat
Mitunter zitieren Sie eine Textstelle nach dem Fundort und nicht nach der ursprünglichen Quelle. Dies ist nur zulässig, wenn das Original für Sie sehr schwer zu beschaffen ist oder in einer Sprache abgefasst ist, deren Kenntnis nicht vorausgesetzt werden kann. Dann nennen Sie z.B. in Form eines Kurzbelegs den zitierten und den zitierenden Text:
Reibeisen (2004): Sandstrahltechnik, zit. nach: Sandbrek (2006): Restaurierung, S. 37.

2. Literaturangaben in Klammern

Literaturangaben in Klammern werden ausschließlich als Kurzbeleg geführt, entweder nach der Harvardzitation oder nach der Vancouverzitation.

Harvardzitation
Bei der Harvardzitation nennen Sie lediglich Autor, Jahreszahl und Seitenzahl. Wenn Sie sich auf die gesamte Studie eines Autors beziehen, entfällt die Seitenangabe. Hat der Autor mehrere Publikationen im selben Jahr veröffentlicht, werden diese mit a, b, usw. bezeichnet:
(Warstat, 2018: 21) oder: (Warstat, 2018a: 21), (Warstat, 2018b: 47).

Vancouverzitation
Diese Kurzform, die nur mit eckiger Klammer und Zahlen arbeitet, wird vor allem in den Naturwissenschaften angewandt: [12,89] bedeutet, dass Sie auf den Titel Nr. 12 in Ihrem alphabetisch geordneten und nummerierten Literaturverzeichnis verweisen und dort auf die Seite 89.

Sekundärzitat
Hier wählen Sie die Kurzform in Klammern:
(Reibeisen, 2004, zit. nach: Sandbrek, 2006: 37).

3. Literaturangaben im Literaturverzeichnis

Im Literaturverzeichnis werden in alphabetischer Reihenfolge entweder alle Quellen genannt, die Sie in Ihrem Text anführen oder alle Quellen, die Sie eingesehen haben. Fragen Sie Ihren Dozenten/Ihre Dozentin, welche Variante Sie wählen sollen. Da eine Hausarbeit nicht mehr als 12 bis 20 Seiten umfasst, können Sie in der Regel die wenigen Primärtexte wie historische Quellen, literarische Texte, politische Reden etc. zusammen mit der Sekundärliteratur (Forschungsliteratur) aufführen.

Monographie
Ein Buch von einem oder mehreren Autoren heißt Monographie. Sie wird wie folgt – mit oder ohne Verlagsnennung – aufgeführt:
Riegel, Alfred: Spiel und Satire. 3. Aufl., München 2001.

Wenn ein Buch bis zu drei Autoren oder Herausgeber hat, führen Sie diese alphabetisch geordnet auf:
Müller, Alfred, Rust,Volker, Scherz, Katrin (Hrsg.): Die blaue Blume. Stuttgart 2018.
Gibt es mehr als drei Autoren oder Herausgeber, so wird nur der erste genannt mit dem Zusatz „et al." (lat. et alii = und andere) oder „u.a.".
Kuckuck, Lena [et al.]: Vogelrufe in der Literatur. Regensburg 2017.

Aufsatz in einem Sammelband
In einem Sammelband stellt ein Herausgeber mehrere Aufsätze verschiedener Autoren zusammen. Wenn Sie einen dieser Aufsätze anführen, nennen Sie zuerst den Aufsatz und anschließend den Sammelband:

Oreken, Wilhelm: Chancen und Risiken von Familienunternehmen. In: Rudolf Kassner (Hrsg.): Management von Familienunternehmen. Frankfurt/M. 2013, S. 23-47.

Aufsatz in einer Zeitschrift
Wenn ein Aufsatz in einer Zeitschrift abgedruckt ist, die mehrmals jährlich erscheint, müssen Sie auch das jeweilige Heft angeben:
Spinner, Kaspar H.: Kreatives Schreiben. In: Praxis Deutsch 20, H 119 (1993), S. 17-23.

Internetquelle
Bei Internetquellen kommt es auf das Datum des Abrufs an, da solche Dokumente bearbeitet und verändert werden können:
Herbert W. Franke: Höhlen auf dem Mars. In: Naturwissenschaftliche Rundschau, 1998, http://www.zi.biologie.uni-muenchen.de/-franke (14.9.2018).

Sekundärzitat
Hier genügt es in der Regel, die Sekundärquelle anzuführen. Einige Dozenten möchten allerdings beide genannt sehen, die ursprüngliche Quelle und die Sekundärquelle:
Reibeisen, Ludger: Sandstrahltechnik. München 2004.
Sandbrek, Anton: Restaurierung. Köln 2006.

4. Zitieren nach APA bzw. MLA

In manchen Fächern wird auch nach APA (Publication Manual of the American Psychological Association) bzw. MLA (Modern Language Association) zitiert:

APA
1. in Klammern: Autor, Jahr, Seite
   (Heiser, 2018, S. 7)
2. im Literaturverzeichnis: Autor (Nachname, Initialen des Vornamens), Jahr, Titel, Ort, Verlag
   Heiser, P. (2018). Religionssoziologie. Paderborn: Fink.

MLA
1. in Klammern: Autor, Seite
   (Heiser, 7)
2. im Literaturverzeichnis: Autor, Titel, Verlag, Jahr
   Heiser, Patrick. Religionssoziologie. Fink, 2018.

Manchmal sind die bibliographischen Angaben in den von Ihnen benutzen Texten unvollständig. In diesem Fall markieren Sie die Lücke. Wenn z.B. die Jahresangabe fehlt, schreiben Sie „o.J.“, das bedeutet: „ohne Jahr“.

5. Abbildungen

Auch die Herkunft von Abbildungen und Tabellen müssen Sie nachweisen. Jede Abbildung trägt eine fortlaufende Nummer, einen nominal formulierten Titel – als Überschrift oder Unterzeile – und einen Quellennachweis direkt unter der Abbildung. Der Quellennachweis enthält folgende Angaben: Autor, Jahr, Kurztitel, Seite. Die vollständige bibliographische Angabe steht im Literaturverzeichnis.

Überlegen Sie in jedem einzelnen Fall, ob die Abbildung zur Veranschaulichung Ihrer Argumente beiträgt, kündigen Sie die Abbildung im Text an, plazieren Sie sie in unmittelbarer Nähe zu Ihrem Text und erläutern Sie sie anschließend. Wenn Symbole oder Abkürzungen in der Abbildung auftauchen, so müssen Sie diese in einer Bildunterschrift erklären.

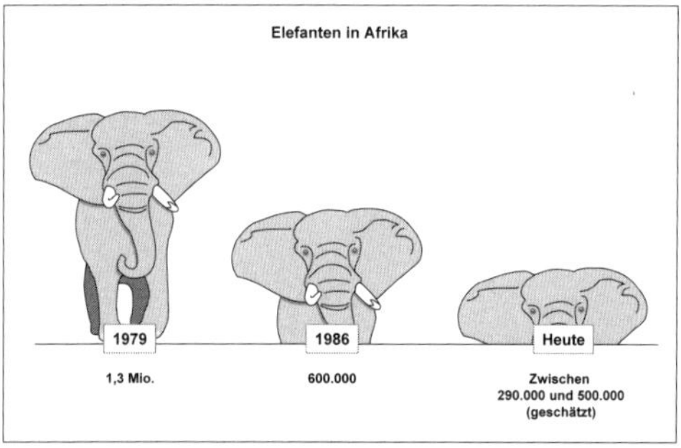

Abb. 1: Elefanten in Afrika. Quelle: Franck, Norbert, Stary, Joachim: Gekonnt visualisieren. Paderborn 2006, S. 35.

Abb. 13: Beschriftung einer Abbildung

Wenn Sie eine Abbildung verändert haben, formulieren Sie die Quellenangabe so:
In Anlehnung an: Autor (Jahr): Kurztitel, Seite.

Wenn Sie eine Abbildung selber erstellt haben, setzen Sie hinter den Titel der Abbildung Ihr Namenskürzel in Klammern:
Abb.1: Der Siegeszug der Pizza im 20. Jahrhundert (H.E-K).

Manche Autoren vertreten auch die Meinung, dass Sie in diesem Fall die Quelle nicht nennen müssen, weil der Leser davon ausgeht, dass alles, was nicht nachgewiesen wird, vom Verfasser stammt.

Alle Abbildungen in Ihrer Arbeit werden fortlaufend nummeriert.

Denken Sie bei allen Formalien, die Sie vielleicht verwirren, daran, dass es letztlich vor allem darauf ankommt, bei einer einmal gewählten korrekten Zitierweise zu bleiben.

4. Wie soll ich die Arbeit gliedern?

4.1 Wie finde ich eine Struktur für die Arbeit?

Am Anfang steht eine erste einfache Ordnung der Gedanken: Eigene Ideen und Erkenntnisse der Forschung müssen sortiert und kategorisiert werden, um sie anschließend in Kapiteln darstellen zu können.

Entwerfen Sie ein Mindmap Ihrer Gedanken!

Halten Sie auf einem großen Blatt Papier Ihre Erkenntnisse in einem Mindmap fest. Das Mindmap haben Sie schon bei den Tipps zum Exzerpieren kennen gelernt (vgl. 3.8.2). Jetzt nutzen Sie es nicht nur für einen einzelnen Text, sondern für die Ordnung aller relevanten Gedanken. Sortieren Sie Ihre eigenen Beobachtungen und die in der Forschung gefundenen Behauptungen jeweils in Gruppen. Fragen Sie sich: Welche Ideen haben gemeinsame Merkmale, so dass ich sie in einer Gruppe zusammenfassen kann? Zeichnen Sie dann für jede Gruppe eine Gedankenblase – der Erfinder Tony Buzan nannte sie „chunks" – und suchen Sie anschließend einen Oberbegriff für jede Gruppe.

Bilden Sie Kategorien!

Diese Gruppen sind Ihre Kategorien. Das Bilden von Kategorien ist eine Grundbewegung wissenschaftlichen Arbeitens: Kategorien brauchen Sie, um Ihre Erkenntnisse darzustellen.
Wenn Sie bereits früh im Arbeitsprozess Unterfragen gebildet haben, können Sie diese auch zunächst in die Chunks hineinschreiben. Auf den Infostrahlen stehen dann die jeweiligen Antworten.

Legen Sie Kapitel fest!

Anhand des Mindmaps entscheiden Sie nun, ob die Chunks die Grundlage für die Kapitel Ihrer Arbeit bilden können. Prüfen Sie, ob alle Informationen wirklich Antworten auf die eine bestimmte Frage sind, die in diesem Kapitel behandelt wird. Wenn Sie feststellen, dass es eigentlich um mehrere Fragen geht, teilen Sie das Kapitel. Die beiden neuen Kapitel müssen dann natürlich neue Oberbegriffe erhalten.

Wenn ein Chunk zu wenige Informationen aufweist, überlegen Sie, ob Sie noch nicht genug zu diesem Aspekt gelesen haben oder ob der Aspekt vielleicht nicht so wichtig ist. Prüfen Sie anschließend, ob Sie diesen Aspekt auch einem anderen Kapitel zuordnen können.

Sammeln Sie „bunte Hunde“!

Manche Informationen lassen sich nicht sofort einer Gruppe zuordnen. Dann eröffnen Sie eine Gruppe „bunte Hunde“, in der Sie vermischte Ideen sammeln. Aus diesem Reservoir können Sie später vielleicht Ideen für Ihre Einleitung gewinnen, weil sie zum Thema hinführen, oder für Ihr Fazit, weil sie über das Thema hinausweisen.

Nummerieren Sie Ihre Chunks!

Wenn das Mindmap vorläufig steht, nummerieren Sie die Chunks in einer Reihenfolge, die sich argumentativ überzeugend anhört. Fragen Sie sich: In welcher Reihenfolge sollte ich die einzelnen Themen präsentieren, damit ein unerfahrener Leser mir folgen kann? In der Regel beginnen Sie beim allgemeinsten Gesichtspunkt und erörtern danach die spezielleren (vgl. Kap. 5.2). Aus dieser Reihenfolge entsteht der erste Gliederungsentwurf Ihrer Arbeit. Jetzt brauchen Sie nur noch ein gängiges Gliederungsmodell, das zu Ihren Inhalten passt.

4.2 Welche Gliederungsmodelle gibt es?

Es gibt verschiedene formale Gliederungssysteme: das nummerische (ausschließlich Zahlen) und das alpha-nummerische (Buchstaben und Zahlen). Da heute das rein nummerische das häufigste Gliederungssystem ist, finden Sie hier nur dieses in zwei Varianten dargestellt.

Achten Sie bei Ihrer Gliederung darauf, dass Unterpunkte nur gesetzt werden, wenn es mindestens 2 sind. Bei einem Unterpunkt 2.1 muss es also mindestens auch einen Unterpunkt 2.2 geben!

1. Einleitung
2. Erstes Kapitel des Hauptteils
- 2.1 Unterpunkt
  - 2.1.1
  - 2.1.2
- 2.2 Unterpunkt
  - 2.2.1
  - 2.2.2

3. Zweites Kapitel des Hauptteils
- 3.1 Unterpunkt
  - 3.1.1
  - 3.1.2
- 3.2 Unterpunkt
  - 3.2.1
  - 3.2.2

4. Drittes Kapitel des Hauptteils
- 4.1 Unterpunkt
  - 4.1.1
  - 4.1.2
- 4.2 Unterpunkt
  - 4.2.1
  - 4.2.2

5. Fazit

Abb. 14: Nummerische Gliederung mit arabischen Zahlen

I. Einleitung
II. Hauptteil
- 1. Kapitel
  - 1.1 Unterpunkt
    - 1.1.1
    - 1.1.2
  - 1.2 Unterpunkt
    - 1.2.1
    - 1.2.2
- 2. Kapitel
  - 2.1 Unterpunkt
    - 2.1.1
    - 2.1.2
  - 2.2 Unterpunkt
    - 2.2.1
    - 2.2.2
- 3. Kapitel
  - 3.1 Unterpunkt
    - 3.1.1
    - 3.1.2
  - 3.2 Unterpunkt
    - 3.2.1
    - 3.2.2

III. Fazit

Abb. 15: Nummerische Gliederung mit arabischen und römischen Zahlen

Wir unterscheiden grundsätzlich zwischen empirischen und nicht empirischen Arbeiten. Bei empirischen Arbeiten ist Ihnen das Gliederungsmodell meistens vorgegeben.

Einleitung

Theorie / Modell / Forschung

Hypothesen

Projekt
- Rahmenbedingungen
- Ziele
- Verlauf

Untersuchungsdesign
- Datengewinnung
- Datenauswertung

Ergebnisse und Diskussion

Fazit

oder

Einleitung

Theorie / Modell / Forschung

Forschungsfragen

Untersuchungsdesign
- Rahmenbedingungen
- Datengewinnung
- Datenauswertung

Ergebnisse

Diskussion

Fazit

Abb. 16: Empirische Gliederung

Je nach Fach können kleinere Abweichung auftreten: So können Sie das Kapitel „Untersuchungsdesign" auch „Methoden" nennen oder Sie können ein eigenes Kapitel – als Kapitel 1 des Hauptteils – zur Darstellung einer Theorie oder eines angewandten Modells zwischen Einleitung und Untersuchungsdesign einfügen.

Bei nicht empirischen Arbeiten haben Sie mehr Spielraum. Sie können zwischen verschiedenen Modellen wählen, von denen die häufigsten im Folgenden dargestellt werden.

1. Systematische Gliederung

Die systematische Gliederung wählen Sie, wenn Sie einzelne Hypothesen nacheinander darstellen wollen, jede in einem eigenen Kapitel.

Einleitung

Hypothese 1

- Argument 1
- Argument 2
- Argument 3

Hypothese 2

- Argument 1
- Argument 2
- Argument 3

Folgerungen aus Hypothese 1 und 2

Schluss

Abb. 17:
Systematische Gliederung

Ein Thema, das sich gut in einer systematischen Gliederung darstellen lässt, lautet: „Vor- und Nachteile von Kundenkarten im Handel". Die einzelnen Argumente, die für oder gegen die Ausgabe von Kundenkarten sprechen, bilden die Grundlage der Kapitel des Hauptteils.

Thema: „Vor- und Nachteile von Kundenkarten im Handel"

1. Einleitung

2. Vorteile von Kundenkarten
   - 2.1 Gewinnung von Kundendaten
   - 2.2 Akquise von Neukunden
   - 2.3 Kundenbindung
   - 2.4 Kundenspezifische Angebote
   - 2.5 Senkung der Werbeausgaben

3. Nachteile von Kundenkarten
   - 3.1 Organisatorischer Aufwand
   - 3.2 Finanzieller Aufwand
   - 3.3 Digitaler Wandel?
   - 3.4 Akzeptanz der Kunden?

4. Vergleich der Vor- und Nachteile

5. Schluss

Abb. 18: Systematische Gliederung zum Thema „Vor- und Nachteile von Kundenkarten im Handel"

2. Chronologische Gliederung

Einleitung

Phase 1

Phase 2

Phase 3

Schluss

Abb. 19: Chronologische Gliederung

Die chronologische Gliederung bildet eine Entwicklung ab. In jedem Kapitel wird eine Phase eines Prozesses dargestellt.

Das Thema „Der israelisch-palästinensische Konflikt vom Sechs-Tage-Krieg bis zur zweiten Intifada" stellt man am besten chronologisch dar, indem man verschiedene Phasen voneinander abgrenzt.

Thema: „Der israelisch-palestinensische Konflikt vom Sechs-Tage-Krieg bis zur Zweiten Intifada"

1. Einleitung
2. Der Sechs-Tage-Krieg 1967
3. Der Jom-Kippur-Krieg 1973
4. Die Gründung der PLO 1974
5. Die Erste Intifada 1987-1993
6. Die Zweite Intifada 2000-2005
7. Fazit

Abb. 20: Chronologische Gliederung zum Thema „Der israelisch-palästinensische Konflikt vom Sechs-Tage-Krieg bis zur zweiten Intifada"

3. Ursache-Wirkung-Gliederung

Einleitung
Phänomen
Ursache 1
Ursache 2
Ursache 3
Folgerung
Schluss

Abb. 21: Ursache-Wirkung-Gliederung: Fokus auf der Ursache

Die Ursache-Wirkung-Gliederung wählen Sie bei Arbeiten, die entweder nach der Ursache eines Phänomens fragen oder nach den Wirkungen.

Wenn Sie den Fokus auf die *Ursachen* legen wollen, stellen Sie jede Ursache in einem eigenen Kapitel dar.

Das Thema „Die Ursachen des arabischen Frühlings in Ägypten" eignet sich für die Darstellung in einer Ursache-Wirkung-Gliederung, indem Sie in jedem Kapitel eine Ursache beleuchten.

Thema: „Die Ursachen des arabischen Frühlings in Ägypten"

1. Einleitung
2. Die ägyptische Revolution
3. Autoritäres System
4. Arbeitslosigkeit
5. Niedriger Lebensstandard
6. Einfluss der Medien
7. Der Sturz des Regimes
8. Schluss

Abb. 22: Ursache-Wirkung-Gliederung zum Thema „Die Ursachen des arabischen Frühlings in Ägypten"

Einleitung
Ursache
Wirkung 1
Wirkung 2
Wirkung 3
Folgerung
Schluss

Abb. 23: Ursache-Wirkung-Gliederung: Fokus auf der Wirkung

Legen Sie dagegen das Schwergewicht auf die *Wirkungen*, so wird jede Wirkung in einem eigenen Kapitel abgehandelt.

Beim Thema „Die Wirkung von Beweglichkeitstrainings auf die Gesundheit" handeln Sie in den einzelnen Kapiteln die unterschiedlichen Wirkungen ab.

In einer ersten Hausarbeit empfiehlt es sich, den Fokus entweder auf die Ursachen oder auf die Wirkungen eines Phänomens zu legen.

Thema: „Die Wirkung von Beweglichkeitstrainings auf die Gesundheit"

1. Einleitung
2. Beweglichkeitstraining
3. Verletzungsprophylaxe
4. Alltagsmobilität
5. Leistungssteigerung
6. Zusammenspiel der Faktoren
7. Schluss

Abb. 24: Ursache-Wirkung-Gliederung zum Thema „Die Wirkung von Beweglichkeitstrainings auf die Gesundheit"

4. Relationsgliederung

Bei *vergleichenden* Arbeiten wählen Sie eine Relationsgliederung, die Objekte/Phänomene in Beziehung setzt.

Wenn sich die Gegenstände markant unterscheiden, wählen Sie die **Blockgliederung**.

Einleitung

Objekt 1
- Aspekt 1
- Aspekt 2
- Aspekt 3

Objekt 2
- Aspekt 1
- Aspekt 2
- Aspekt 3

Vergleich der Ergebnisse

Schluss

Abb. 25: Blockgliederung

Das Thema „Die Plakatwerbung von Coca-Cola und fritz-kola: ein Vergleich" lässt sich mit einer Blockgliederung bearbeiten, indem zunächst jede Werbekampagne für sich dargestellt wird und die Ergebnisse anschließend verglichen werden.

Thema: „Die Plakatwerbung von Coca-Cola und fritz-kola: ein Vergleich"

1. Einleitung

2. Werbung von Coca Cola
   2.1 Plakatgestaltung
   2.2 Zielgruppen
   2.3 Botschaft

3. Werbung von fritz-kola
   3.1 Plakatgestaltung
   3.2 Zielgruppen
   3.3 Botschaft

4. Vergleich der Werbestrategien

5. Schluss

Abb. 26: Blockgliederung zum Thema „Die Plakatwerbung von Coca-Cola und fritz-kola: ein Vergleich"

Sind sich die Gegenstände eher ähnlich, eignet sich die **alternierende Gliederung** besser.

Einleitung

Vergleich 1
- Objekt 1
- Objekt 2

Zusammenfassung

Vergleich 2
- Objekt 1
- Objekt 2

Zusammenfassung

Folgerung

Schluss

Abb. 27: Alternierende Gliederung

Das Thema „Demografiemanagement in Deutschland und Schweden" eignet sich für eine alternierende Gliederung, indem Aspekte wie „demografische Entwicklung", „Arbeitsmarktsituation" und „Demografiemanagement in Unternehmen" in einzelnen Kapiteln vergleichend behandelt werden.

Thema: „Demografiemanagement in Deutschland und Schweden"

1. Einleitung
2. Demografische Entwicklung
   2.1 Deutschland
   2.2 Schweden
3. Arbeitsmarktsituation
   3.1 Deutschland
   3.2 Schweden
4. Demografiemanagement in Unternehmen
   4.1 Deutschland
   4.2 Schweden
5. Vergleich der Entwicklungen
6. Schluss

Abb. 28: Alternierende Gliederung zum Thema „Demografiemanagement in Deutschland und Schweden"

Machen Sie eine Seitenkalkulation!

Sobald Sie sich für ein Gliederungsmodell entschieden haben, nehmen Sie eine vorläufige grobe Seitenkalkulation vor. Sehen Sie für die Einleitung nicht mehr als maximal 10% Ihrer Arbeit vor, für den Schlussteil nicht mehr als höchstens 5%.

Den Hauptteil gliedern Sie zunächst nach Ihren Unterfragen, die die gewählten Aspekte des Themas abbilden. Da Sie zu diesem Zeitpunkt im Arbeitsprozess bereits absehen können, wie viele Forschungsbeiträge Sie zu den einzelnen Aspekten ausgewertet haben, können Sie schon ungefähr abschätzen, ob ein Kapitel eher kurz oder eher ausführlicher ausfallen wird. Außerdem spielt natürlich die Wichtigkeit eines Kapitels eine entscheidende Rolle, denn das wichtigste Kapitel sollte zugleich das umfangreichste sein.

Nach dieser Schätzung legen Sie den ungefähren Umfang Ihrer Kapitel fest. Kein Kapitel sollte extrem kürzer oder länger ausfallen als die anderen. Wenn Sie merken, dass ein Kapitel sehr umfangreich wird, teilen Sie es. Wenn ein Kapitel dagegen sehr knapp zu werden droht, verbinden Sie zwei Aspekte zu einem gemeinsamen umfangreicheren Kapitel.

Diese Kalkulation verhindert, dass Sie erst spät im Schreibprozess merken, dass Sie vielleicht schon viel zu viele Seiten für nur wenige Aspekte „verbraucht" haben. Mit einer Seitenkalkulation können Sie rechtzeitig gegensteuern.

Kann sich die Gliederung beim Schreiben noch ändern?

Manchmal merkt man beim Schreiben, dass ein bestimmter Gedanke sich an einer anderen Stelle als geplant flüssiger darstellen lässt. Dann können Sie natürlich Ihre Gliederung leicht verändern. Sie müssen nur bedenken, dass dadurch auch neue Übergänge nötig werden.

Grundlegend werden Sie Ihre Gliederung aber im Schreibprozess nicht ändern, denn selbst wenn z.B. ein Aspekt wegfallen sollte, bleibt in der Regel die Reihenfolge und Gewichtung der Kapitel erhalten.

4.3 Wie baue ich meine Kapitel auf?

Wenn Sie jeder Unterfrage Ihrer Arbeit ein Kapitel zuweisen, so erhalten Sie eine Gliederung für die gesamte Arbeit. Aber auch Ihre Kapitel sollen in sich eine überzeugende Struktur haben.

Bilden Sie Subfragen!

Untergliedern Sie Ihre Unterfragen nochmals mit Hilfe weiterer Fragen.

Beispiel
Sie bearbeiten das Thema „Armut alleinerziehender Frauen in Deutschland". Ihre zentrale Frage lautet: „Was sind die Ursachen für die Armut alleinerziehender Frauen und welche Maßnahmen könnten Abhilfe schaffen?" Sie bilden drei Unterfragen und handeln sie in drei Kapiteln ab:

1. Wie geraten alleinerziehende Frauen in Armut?
2. Welche Folgen hat Armut für Mütter und Kinder?
3. Welche Maßnahmen könnten helfen?

Schauen wir z.B. auf Frage 3, so lassen sich eine ganze Reihe weiterer Subfragen stellen:

1. Welche staatlichen Maßnahmen gibt es?
2. Welche Hilfen können Sozialverbände anbieten?
3. Welche Unterstützung bietet das soziale Umfeld?
4. Welche Initiativen können die Betroffenen selber ergreifen?

Beantworten Sie jede Subfrage in einem Abschnitt!

Die Subfragen gliedern Ihr Kapitel. Für jede Subfrage können Sie einen Abschnitt vorsehen. Nach der Regel „neuer Gedanke – neuer Abschnitt" beantworten Sie also in jedem Abschnitt eine dieser Subfragen. Da Sie in einer ersten Hausarbeit nicht so intensiv in die Forschung einsteigen wie in einer Bachelorarbeit, genügt in der Regel ein Abschnitt pro Subthema.

4.4 Wie gestalte ich das Inhaltsverzeichnis?

Ihr Inhaltsverzeichnis sollte je nach Gliederungsmodell (vgl. Kap. 4.2) nicht mehr als drei Ebenen haben, weil die Struktur sonst unübersichtlich wird.

Überlegen Sie, welche Unterfragen Sie gestellt haben, und formulieren Sie für jede Unterfrage, die als Grundlage eines Kapitels dient, eine Überschrift.

TIPP
Wenn Sie mehr als drei Gliederungsebenen einführen möchten, wählen Sie Zwischenüberschriften, die im Text, aber nicht im Inhaltsverzeichnis auftauchen. Diese Zwischenüberschriften werden in der Regel nicht nummeriert, es sei denn, es handelt sich um eine Aufzählung.

Achten Sie darauf, dass die Überschriften des Inhaltsverzeichnisses genau so auch im Text erscheinen und dass die angegebenen Seitenzahlen mit der fortlaufenden Nummerierung der Seiten im Text übereinstimmen.

Wie Sie gesehen haben, gibt es bei empirischen Arbeiten nur wenige Variationen. Entsprechend bieten auch die weitgehend festgelegten Kapitelüberschriften nur wenig Abwechslung. Lediglich im Ergebnisteil können Sie die Überschriften Ihrer Unterpunkte inhaltlich nach den erzielten Ergebnissen formulieren.

Beispiel
Bei dem Thema „Die Motivation von Ehrenämtlern" könnten Sie z.B. Ihre Ergebnisse in folgenden Punkten zusammenfassen:

- gesellschaftliches Engagement
- Aktivitäten gegen Langeweile
- soziale Kontakte
- Gefühl der Nützlichkeit

Bei Literaturarbeiten können Sie dagegen Ihr Inhaltsverzeichnis frei gestalten. Wählen Sie in jedem Fall nominale Formulierungen als Überschriften. Dabei haben Sie zwei Möglichkeiten:

1. Formulieren Sie Ihre Überschriften fragegeleitet!

Hier soll der Leser hinter der Überschrift die Frage hören, die Sie sich gestellt haben. Nehmen wir als Beispiel das Thema: „Trends in der Mode: der Minirock". Gliederungspunkte im Hauptteil des Inhaltsverzeichnisses sind unter anderen:

Beispiel
1. Mode der 60er Jahre
2. Verbreitung des Minirocks
3. Politisch-gesellschaftliche Einflussfaktoren
4. Ökonomische Impulse
5. Leitbilder
6. Verbreitung durch Zeitschriften

Hinter jeder dieser Überschriften hören Sie die Frage, die sich der Schreibende gestellt hat:

Überschrift 1: Wie sah die Mode der 60er Jahre aus?
Überschrift 5: Welche Leitbilder verhalfen dem Minirock zum Durchbruch?

Sie könnten also jede dieser Überschriften in eine Frage umwandeln.

2. Formulieren Sie Ihre Überschriften ergebnisorientiert!

Eine Alternative ist die ergebnisorientierte Überschrift. Hier soll der Leser erfahren, zu welchen Ergebnissen Ihre Arbeit kommt. Betrachten wir als Beispiel das Thema „Die Bedeutung der Bewegung im frühen Kindesalter". Gliederungspunkte im Hauptteil des Inhaltsverzeichnisses sind unter anderen:

Beispiel
1. Motor körperlich-organischer Entwicklung
2. Selbsterfahrung
3. Welterfahrung
4. Sozialisation

Durch jede dieser Überschriften erfahren Sie ein Teilergebnis der Arbeit:

Überschrift 1: Bewegung ist im frühen Kindesalter als Motor der körperlichen und organischen Entwicklung wichtig.
Überschrift 2: Bewegung dient im frühen Kindesalter als Instrument der Selbsterfahrung.

So könnten Sie an jeder dieser Überschriften ein Teilergebnis der Arbeit ablesen.

In Hausarbeiten finden sich die frageorientierten Kapitelüberschriften am häufigsten, weil sie einfach zu formulieren sind. Die ergebnisorientierten Überschriften sind dagegen am informativsten, weil sie jeweils die wichtigste These eines Kapitels formulieren.

4.5 Wie formuliere ich Vorankündigungen, Überleitungen, Zusammenfassungen?

Um die einzelnen Module Ihrer Arbeit zu verbinden und so den roten Faden zu stärken, setzen Sie bestimmte stilistische Mittel ein: Vorankündigungen, Überleitungen, Zusammenfassungen.

Bereiten Sie Ihren Leser durch Vorankündigungen vor!

Vorankündigungen sollen den Leser auf die folgende Darstellung vorbereiten und den roten Faden der Arbeit deutlich machen. Sie nennen am Kapitelanfang das Hauptthema des Kapitels und erklären seine Relevanz.

Zum Thema „Trends in der Mode: der Minirock“ könnte eine Vorankündigung lauten:

Beispiel
Das folgende Kapitel beschreibt zunächst die vorherrschende Mode der 60er Jahre, um vor diesem Hintergrund den Schock, den das Aufkommen des Minirocks auslöste, zu erklären.

Vorankündigungen können Sie mit folgenden Formulierungen einleiten:

FORMULIERUNGEN FÜR VORANKÜNDIGUNGEN
- wie im folgenden Kapitel ausgeführt wird
- im folgenden Kapitel wird ... näher beschrieben
- das folgende Kapitel entwickelt ...
- das folgende Kapitel stellt ...dar
- das folgende Kapitel diskutiert ...

Verbinden Sie die Kapitel durch Überleitungen!

Überleitungen verknüpfen einzelne Kapitel. Sie stehen entweder am Ende eines Kapitels oder am Anfang des Folgekapitels. Am Ende eines Kapitels fassen sie das Ergebnis mit Blick auf das Folgekapitel zusammen; am Anfang eines Kapitels formulieren sie, als Vorankündigung, mit Blick auf das vorhergehende Kapitel die Darstellungsabsicht des Folgekapitels.

So könnte der folgende Bespielsatz zum Thema „Trends in der Mode: der Minirock" sowohl am Ende als auch am Anfang eines Kapitels stehen.

Beispiel
Während der Minirock in den 60er Jahren als Provokation wirkte, hat er im Laufe der Jahrzehnte sein revolutionäres Potenzial vollständig eingebüßt.

Fassen Sie nach jedem Kapitel die Ergebnisse zusammen!

Eine Zusammenfassung steht nicht nur am Ende einer Arbeit, sondern auch am Ende jedes Kapitels. Fragen Sie sich: Was war in diesem Kapitel das Wichtigste? Was sollte mein Leser behalten?

Die Zusammenfassung einzelner Kapitel soll nur ein oder zwei Sätze lang sein und nur ein *Ergebnis* formulieren, keine Begründungen geben, keine Beispiele.

Beispiel
Der Minirock kann in den 60er Jahren als Ausdruck veränderter gesellschaftlicher Werthaltungen verstanden werden, die sich durch kulturelle, wirtschaftliche, technologische, politische und soziale Parameter definieren lassen.

4.6 Wie verarbeite ich Interviews, Fragebögen, Daten?

Empirische Arbeiten werden in ersten Hausarbeiten, je nach Fach, eher selten vergeben. Wenn doch, so analysieren Sie in der Regel bereits vorliegende Daten oder Ihre eigene Datenerhebung beschränkt sich auf wenige Quellen/Fragebögen/Interviews. Abhängig davon, ob Sie Ihre Daten qualitativ oder quantitativ auswerten sollen, wählen Sie unterschiedliche Verfahren.

1. Die qualitative Datenanalyse

Eine qualitative Datenanalyse wird in einer ersten Hausarbeit meist als qualitative Inhaltsanalyse geführt.

Kodieren Sie Ihr Material!

Erstellen Sie Kategorien ähnlicher Items, die Sie anschließend untersuchen. Sie können die Kategorien aus Ihrem Material heraus entwickeln (induktives Vorgehen) oder aus der Theorie gewinnen und sie dann am Material überprüfen (deduktives Verfahren). Diese Entwicklung von Kategorien bezeichnet man als Kodierung.

2. Die quantitative Datenanalyse

Eine quantitative Datenanlyse wird sich in einer ersten Hausarbeit auf die deskriptive Statistik konzentrieren. Nachdem Sie die Daten kodiert haben, wählen Sie zunächst aus, welche Ergebnisse im Hinblick auf ihre Fragestellungen am wichtigsten sind. Stellen Sie diese Ergebnisse in verschiedenen Grafiken dar, die Sie erklären, ohne aber die Daten bereits zu interpretieren.

Fassen Sie Ihre Daten in Themenblöcken zusammen!

Für Ihre Leser ist es hilfreich, wenn Sie die Ergebnisse thematisch nach Unterfragen zusammenzufassen. So entstehen Themenblöcke, die sofort einen Überblick über Fragestellungen/Ergebnisse erlauben.

Trennen Sie Ergebnispräsentation und Diskussion!

In der Regel werden die Ergebnisse empirischer Arbeiten erst im Diskussionsteil in Bezug zur vorher aufgeführten Forschung gesetzt. Dabei fassen Sie zunächst Ihre Ergebnisse knapp zusammen, um sie dann mit den Ergebnissen der Forschung zu vergleichen. Beurteilen Sie dabei unterschiedliche Positionen kritisch und reflektieren Sie auch Ihr eigenes methodisches Vorgehen sowie Ihre Ergebnisse.

Im Schlussteil Ihrer Arbeit beantworten Sie dann ausdrücklich die zentrale Frage der Studie. In etwas längeren Arbeiten weisen Sie noch auf weiteren Forschungsbedarf hin.

Je nach Studienfach kann es aber auch sein, dass Sie freie Hand haben bei der Interpretation der Daten. Dann prüfen Sie, ob sich die Diskussion vielleicht leichter direkt in Verbindung mit der Präsentation der Daten führen lässt. In diesem Fall verbinden sich Ergebnispräsentation und Interpretation in einem Kapitel, so dass in diesem Fall ein eigenständiges Diskussionskapitel entfällt.

4.7 Was kommt in den Anhang?

Im Anhang stehen in empirischen Arbeiten gegebenenfalls transkribierte Interviews. Da das Transkribieren sehr arbeitsaufwändig ist, können Sie, je nach Prüfer, die Interviews auch auf eine CD pressen und sie Ihrer Arbeit beigeben. Achten Sie darauf, dass die einzelnen Interviews gezielt angesteuert werden können.

Fügen Sie Ihrer Arbeit Fragebögen, Protokollbögen, Datensätze, Bilder und ähnliches Material, dessen Darstellung im Fließtext zu umfangreich würde, im Anhang bei. Wenn Sie unterschiedliche Materialien anhängen, z.B. neben Fragebögen auch Fotos, so gliedern Sie in „Anhang A“ und „Anhang B“.

In nicht empirischen Arbeiten brauchen Sie Anhänge nur selten. Dennoch können Sie z.B. Bildmaterial für eine Analyse von Werbestrategien, Infobroschüren für die Selbstdarstellung einer NGO, Tabellen, Grafiken, Gesetzestexte und andere wichtige Quellen in Auszügen im Anhang wiedergeben, wenn Sie dieses Material in Bild oder Wort für Ihre Analyse benötigen.

5. Wie entwickle ich eine Argumentation?

5.1 Wie argumentiere ich wissenschaftlich?
5.2 Wie finde ich den roten Faden?
5.3 Was muss ich beweisen, was kann ich voraussetzen?
5.4 Brauche ich Hypothesen?
5.5 Soll ich eine eigene Meinung vertreten?
5.6 Wie zeige ich meine Eigenleistung?

5.1 Wie argumentiere ich wissenschaftlich?

Bei einer wissenschaftlichen Argumentation kommt es darauf an, Argumente aus verschiedenen Blickwinkeln zu einer zusammenhängenden Beweisführung zu verbinden. Am besten können Sie sich eine wissenschaftliche Argumentation wie eine Waage vorstellen.

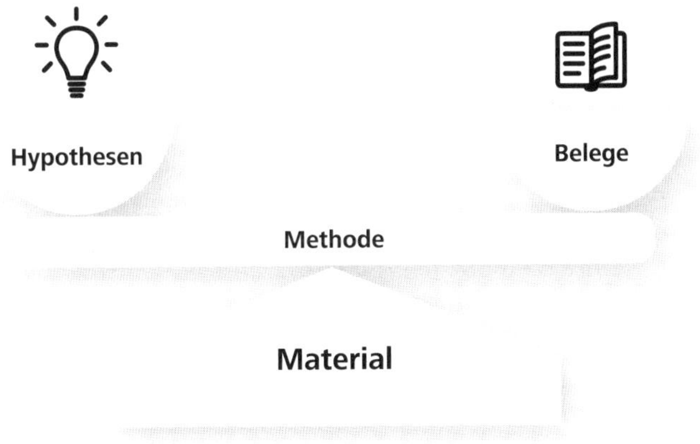

Abb. 29: Die Waage

Der Sockel ist Ihre Materialbasis und der Balken, der die Waagschalen trägt, ist Ihre Methode, mit deren Hilfe Sie das Material analysieren. Ihr Material ist die Sekundärliteratur und, je nach Fachgebiet, zusätzlich empirische Daten, Texte oder Quellen. Machen Sie sich klar, dass Ihre Ergebnisse nur auf der Basis Ihres ausgewählten Materials zutreffen müssen. Sie erheben keinen Anspruch auf Allgemeingültigkeit. Wählen Sie dennoch Ihr Material sorgfältig aus, am besten in Rücksprache mit Ihren Dozenten/Dozentinnen, damit Ihre Waage ein solides Fundament bekommt.

Die Methode ist Ihr Werkzeug!

Der Balken, der Hypothesen und Belege trägt, ist Ihre Methode. Sie ist das Werkzeug, das Sie einsetzen, um Ihr Material zu analysieren. Damit beschreibt sie zugleich, wie Sie zu Ihren Ergebnissen kommen. Mitunter gibt Ihr Dozent eine bestimmte Methode vor, mit der Sie das Material angehen sollen, z.B. die literatursoziologische Analyse eines Textes.

Stellen Sie Fragen an Ihr Material!

Wenn Sie keine vorgegebene Methode einsetzen, erschließen Sie Ihr Material durch Fragen. Dieses Frageraster ist dann Ihre Methode. Sie formulieren eine zentrale Frage und, wie Sie wissen, entsprechende Unterfragen. Ihre Ergebnisse sind die Antworten auf diese Unterfragen und damit auf die zentrale Frage. Ihre Methode bestimmt also, zu welchen Ergebnissen Sie in Ihrer Arbeit kommen.

Bilden Sie Hypothesen!

Wenn Sie das Material mit Hilfe Ihrer Fragen aufschlüsseln, erhalten Sie Hypothesen, also mögliche Antworten auf Ihre

Unterfragen und auf die zentrale Frage, indem Sie ähnliche Einzelbeobachtungen oder Aussagen zu einer Behauptung zusammenfassen.

Hypothesen sind also zunächst Vermutungen, die Sie anschließend belegen müssen. Diese Belege gewinnen Sie aus Ihrem Material. Prüfen Sie möglichst schon bei der Themenwahl, durch welches Belegmaterial sich Ihre Behauptungen beweisen lassen.

Gewinnen Sie Belege!

Belege für Ihre Hypothesen sind Textstellen, Auszüge aus Quellen, interpretiertes Datenmaterial und vor allem Forschungsliteratur. Dabei kommt es darauf an, die Sekundärliteratur auf Ihre Fragen hin abzuklopfen, die Antworten Ihren Hypothesen zuzuordnen und zwischen den Hypothesen einen überzeugenden Zusammenhang herzustellen, denn alle einzelnen Hypothesen sollen sich zur Antwort auf die zentrale Frage zusammenfinden.

Sobald Sie also in Ihrer Arbeit kurz und präzise eine Hypothese formuliert haben, erklären Sie diese und begründen sie anschließend durch Verweise auf die Forschung und/oder Text-, Quellen- oder Datenmaterial.

Erläutern Sie Ihre Hypothese an einem Beispiel!

Fügen Sie anschließend ein Beispiel ein, das Ihre Hypothese erläutert. Beachten Sie, dass Beispiele keine Argumente sind, sondern nur illustrierende Funktion haben.

Dann überlegen Sie, welche Gegenpositionen es zu dieser Hypothese gibt. Erläutern Sie diese Gegenposition und begründen Sie, warum Ihre Hypothese trotzdem tragfähig ist.

Das folgende Beispiel zum Thema „Anwesenheitspflicht in universitären Lehrveranstaltungen – ein Streitthema" stellt exemplarisch nur die zentrale Frage samt Hypothese und Beleg vor. Mögliche Unterfragen wären z.B.: Wer besucht Veranstaltungen regelmäßig, wer unregelmäßig? Welche Defizite entstehen bei unregelmäßiger Anwesenheit? Wie kann man diese Defizite ausgleichen? In Ihrer Arbeit würden Sie auch diese Unterfragen beantworten und belegen.

Beispiel einer wissenschaftlichen Argumentation
Thema: „Anwesenheitspflicht in universitären Lehrveranstaltungen – ein Streitthema".
Materialbasis: Empirische Forschungen zur Auswirkung der Anwesenheit in Lehrveranstaltungen auf den Studienerfolg.
Methode: Es wird die Frage untersucht: Welche Unterschiede gibt es im Lernerfolg zwischen Studierenden, die Lehrveranstaltungen regelmäßig besuchen und solchen, die eher sporadisch anwesend sind?
Hypothese: Es gibt einen klaren Zusammenhang zwischen der Anwesenheit von Studierenden in den Lehrveranstaltungen und ihrem Lernerfolg.
Beleg: Der Hochschulforscher Rolf Schulmeister hat in vergleichenden Studien herausgefunden, dass die Prüfungsleistungen nicht regelmäßig anwesender Studierender markant schlechter waren als die der regelmäßig Teilnehmenden (Schulmeister, 2015).
Beispiel: So ließen bereits bei drei verpassten Terminen die Prüfungsleistungen signifikant nach.
Gegenposition: Dagegen argumentieren Studierendenvertreter, dass letztlich die Motivation entscheidend sei: Motivierte Studierende besuchten ein Seminar regelmäßiger, lernten besser und erzielten entsprechend bessere Noten (ZEIT Magazin Ausgabe 48/2015).

Fazit: Obwohl Motivation als wichtiger Faktor beim erfolgreichen Lernen anzusehen ist, schafft regelmäßige Anwesenheit zusätzliche Voraussetzungen für einen gesteigerten Lernerfolg und somit bessere Studienleistungen.

Es ist nützlich, die Waage unmittelbar vor dem Schreiben der Rohfassung auszufüllen, um die Antworten auf die Fragen der Arbeit zu überprüfen, die Belege zu sammeln und das Gleichgewicht der Waagschalen herzustellen.

TIPP
Achten Sie darauf, dass Ihre Waagschalen immer im Gleichgewicht sind!

Die Waagschalen sind im Gleichgewicht, wenn einerseits jede Hypothese hinreichend durch Belege bewiesen wird, andererseits aus vielen Einzelbeobachtungen (Belegen) eine übergreifende Hypothese formuliert wird.

5.2 Wie finde ich den roten Faden?

Der rote Faden ergibt sich aus der Fragestellung. In Ihrer Argumentation führen Sie Ihren Leser von der offenen Frage zur Antwort. Jedes Kapitel gibt eine Teilantwort, indem es eine der Unterfragen beantwortet.

Entwerfen Sie einen Fahrplan Ihrer Argumente!

Formulieren Sie zu jeder Frage eine vorläufige Antwort und bringen Sie diese Antworten in eine überzeugende Reihenfolge. So skizzieren Sie bereits in einem ersten Entwurf Ihren roten Faden. Beginnen Sie immer mit dem wichtigsten Argument. Entwickeln Sie Ihre Argumentation dann vom Allgemeinen zum Besonderen.

Wenn es drei Argumente für die Ausgabe von Kundenkarten unterschiedlicher Unternehmen gibt, beginnen Sie mit dem Argument, das dem Unternehmen den größten Vorteil bringt:

Beispiel

1. Unternehmen gewinnen durch Kundenkarten auf preiswerte Weise Kundendaten.
   Dies ist zugleich das allgemeinste Argument, weil es auf alle Unternehmen und alle Kunden zutrifft.

2. Kundenkarten ermöglichen eine gezielte kundenspezifische Ansprache.
   Dieses Argument ergibt sich folgerichtig aus dem ersten Argument. Es ist spezieller, weil es einen bestimmten Effekt der Verfügung über Kundendaten benennt.

3. Kundenkarten stimulieren die Gewinnung von Neukunden.
   Dieses Argument steht an dritter Stelle, weil es nur für eine bestimmte Gruppe, nämlich die Neukunden, gilt.

Sobald Sie Gegenargumente gefunden haben, arbeiten Sie diese in Ihren Fahrplan ein. Sie können auch als Vorarbeit in einer Tabelle Argumente für und gegen Ihre Position zusammenstellen. So gewinnen Sie einen klaren Überblick über Ihre Argumentation.

Gehen Sie von einer Frage oder einer Hypothese aus!

In Ihrer Argumentation gehen Sie entweder von einer Frage oder von einer Hypothese aus. Wenn Sie aus der Forschungsliteratur keinen klaren Hinweis haben, welche Hypothese am wahrscheinlichsten ist, ist es immer ratsam, von einer Frage auszugehen.

Formulieren Sie offene Fragen!

Es gibt offene und geschlossene Fragen. Eine geschlossene Frage legt lediglich Ja- oder Nein- Antworten nahe: „Lesen Jugendliche heute noch Abenteuerbücher?" Darauf lässt sich nur mit „ja" oder „nein" antworten.

Eine offene Frage lässt dagegen Spielraum für verschiedene Ansätze: „Warum lesen Jugendliche heute noch Abenteuerbücher?" Hier gehen Sie zwar davon aus, dass Abenteuerbücher gelesen werden, die Gründe aber können vielfältig sein. Offene Fragen bieten also in der Regel mehr Spielraum und sind deshalb zu bevorzugen.

TIPP
Ihre zentrale Frage und Ihre Unterfragen bestimmen die Struktur Ihrer Arbeit. Führen Sie Ihre Leser von der Frage zur Antwort!

Schreiben Sie Ihre Unterfragen auf eine Karteikarte!

Wie beim Lesen sollten Sie auch beim Schreiben eine Karteikarte neben sich liegen haben, auf der steht, um welche Frage es in dem Kapitel, an dem Sie gerade schreiben, geht. Das schützt Sie vor unnötigen Abschweifungen und fördert Ihre Konzentration auf den Fokus Ihrer Arbeit.

Mit Hilfe der Fragen vermeiden Sie es auch, Inhalte einzubeziehen, die nicht zum Thema der Arbeit gehören. Manchmal kommt einem beim Schreiben plötzlich noch eine gute Idee, die man unbedingt einarbeiten möchte, obwohl man weiß, dass sie eher randständig ist. In einem solchen Fall machen Sie sich ganz klar, dass Ihre Arbeit auch danach bewertet wird, inwieweit es Ihnen gelungen ist, Wichtiges von Unwichtigem zu unterscheiden. Verzichten Sie auf die gute Idee, auch wenn es weh tut!

Strukturieren Sie Ihre Kapitel!

Wie Ihre gesamte Arbeit so haben auch Ihre Kapitel einen roten Faden und damit einen logischen Aufbau. Jedes Kapitel beantwortet eine Unterfrage des Themas und führt dafür Argumente und Belege an. Die Abschnitte eines Kapitels fügen sich also zu einer Argumentation zusammen, um die jeweilige Antwort auf die Unterfrage zu untermauern.

Nutzen Sie Aufzählungen!

Aufzählungen verdeutlichen die Struktur einer Argumentation und sollten deshalb an geeigneten Stellen eingesetzt werden.

Verzichten Sie auf Exkurse!

In Hausarbeiten sollten Sie auf Exkurse verzichten. Entscheiden Sie, ob eine Information für Ihr Thema relevant ist, dann integrieren Sie diese Aussage in Ihre Argumentation. Ist sie nicht relevant, entfällt sie. Ihr Prüfer möchte in Ihrer Arbeit sehen, dass Sie klar zwischen relevant und irrelevant unterscheiden können – ein „Vielleicht" gilt nicht!

Testen Sie den roten Faden durch Fragen!

Wenn Sie Ihren roten Faden bei der Überarbeitung noch einmal überprüfen möchten, bilden Sie für jeden Abschnitt Ihrer Arbeit nachträglich eine Frage. Überlegen Sie, um welche Frage es in dem Abschnitt geht, und schreiben Sie diese Frage an den Rand. Später lesen Sie sich die notierten Fragen nacheinander langsam vor und überprüfen, ob Ihnen die Reihenfolge der Fragen sinnvoll erscheint. Da dieses Vorgehen arbeitsaufwändig ist, setzen Sie es nur bei besonders anspruchsvollen Passagen Ihrer Arbeit, z.B. in der Einleitung, ein.

5.3 Was muss ich beweisen, was kann ich voraussetzen?

In einer wissenschaftlichen Arbeit müssen Sie alle Informationen nachweisen und Ihre Behauptungen beweisen. Wenn Sie aus einer Studie Fakten übernehmen, so müssen Sie diese Studie direkt oder indirekt zitieren (vgl. Kap. 3.10). Behauptungen, die von anderen Forschern bezweifelt werden könnten, müssen Sie mit Argumenten untermauern.

Überzeugen Sie Ihre Leser!

Stellen Sie sich beim Schreiben eine Leserin vor, die Ihre Behauptung liest und spontan denkt: Das glaube ich nicht! Diese Leserin müssen Sie überzeugen, indem Sie Ihre Hypothese durch Hinweise auf Fakten, andere Studien, Texte, Quellen und sonstiges Material wie Bilder oder Interviews begründen.

Berücksichtigen Sie Gegenargumente!

Auch Behauptungen, die Ihrer Position widersprechen, müssen Sie zunächst mit den Argumenten des entsprechenden Autors belegen, bevor sie eine Gegenposition aufbauen.

Zum Thema „Killerspiele und Aggression“ etwa könnten Sie ausführen:

> **Beispiel**
> Müller argumentiert, dass gewaltverherrlichende Computerspiele die Aggressionsbereitschaft bei Kindern und Jugendlichen erhöhen, weil sie die Hemmschwelle für reale Gewalt senken und negative Vorbilder vorführen. Schulze betont dagegen, dass Computerspiele wie Counter Strike, in denen konkurrierende Spielergruppen gegeneinander antreten, auch Teamgeist und Motivation fördern können.

Basiswissen können Sie voraussetzen!

Basiswissen Ihres Faches müssen Sie nicht erläutern: in der Linguistik etwa das Konzept der Morpheme, in der Soziologie den Begriff der Sozialstruktur, in den Wirtschaftswissenschaften den Prozess des Cash-Flows. Ebenfalls voraussetzen können Sie allgemein bekannte und von niemandem bezweifelte Fakten wie das Ende des Zweiten Weltkriegs im Jahr 1945. Basiswissen und Fakten müssen Sie also weder nachweisen noch begründen.

Stellen Sie sich einfach einen Leser/eine Leserin vor, der/die dasselbe Fach studiert wie Sie und fragen Sie sich: Kennt mein Leser/meine Leserin diese Fakten/Begriffe/Zusammenhänge? Die Antwort finden Sie, wenn Sie sich daran erinnern, ob Sie selber die entsprechenden Kenntnisse hatten, bevor Sie sich eingehend mit diesem speziellen Thema befasst haben. Wenn ja, müssen Sie nichts zusätzlich erklären; wenn nein, stellen Sie die entsprechenden Erläuterungen zur Verfügung.

Verweisen Sie auf Sekundärliteratur!

Wenn Sie Voraussetzungen Ihrer Argumentation erläutern möchten, die komplex und aufwändig darzulegen sind, können Sie auch auf Sekundärliteratur verweisen, die genau diese

Zusammenhänge behandelt. Formulierungen wie „Die Wirkung von Motivationskillern hat Meyer in seiner Studie über die Demotivation von Mitarbeitern ausführlich beschrieben" verweisen auf die entsprechende Forschung. Es folgt eine bibliografische Angabe in Klammern oder in der Fußnote.

Häufig entscheidet man sich auch bei empirischen Arbeiten dafür, eine allseits bekannte Methode nicht eigens zu erklären, sondern auf einschlägige Forschung zu verweisen.

5.4 Brauche ich Hypothesen?

Manche Schreibende sind der Meinung, dass sie eigentlich keine Hypothesen brauchen, weil sie nur Vorgänge oder Phänomene beschreiben oder Forschungsmeinungen wiedergeben. Deshalb glauben sie, auch keine Argumentation entwickeln zu müssen. Irrtum! Jede sinnvolle wissenschaftliche Behauptung gilt als Hypothese, die einer Begründung bedarf.

Wann ist eine Hypothese sinnvoll?

Hypothesen sind Annahmen mit einer gewissen Wahrscheinlichkeit, die über den Einzelfall hinaus gültig sind. Man gewinnt sie, wie wir gesehen haben, aus der Analyse/Interpretation verschiedener Texte, Quellen, Daten. Da jede Hypothese außerdem belegt oder widerlegt werden muss, scheiden allgemeine Behauptungen wie „alle Kinder lieben Gummibärchen" von vornherein aus, auch unwissenschaftliche Hypothesen wie „Linksrheinische Kakaotrinker sind kommunikativer als rechtsrheinische Kakaotrinker". Hypothesen also, für die es keine wissenschaftlich tragfähigen Anhaltspunkte gibt, taugen nicht für eine wissenschaftliche Arbeit.

Jede Antwort aber auf eine Unterfrage Ihres Themas, die Sie durch die Analyse von Daten, die Interpretation von Texten, die Auswertung von Sekundärliteratur gewinnen, stellt eine Hypothese dar, die es zu beweisen gilt.

5.5 Soll ich eine eigene Meinung vertreten?

In Ihrer Hausarbeit sollen Sie eine begründete eigene Meinung vertreten. Es gibt dafür unterschiedliche Möglichkeiten: In der Einleitung können Sie, je nach Fach, Ihr Interesse an Ihrem Thema aufzeigen; im Fazit können Sie abschließend Stellung beziehen. Am häufigsten und ausführlichsten werden Sie aber im Hauptteil der Arbeit Ihre Argumente vortragen und Ihren Standpunkt dadurch verdeutlichen. Achten Sie darauf, dass Sie Ihre Stellungnahme immer begründen; subjektive unbegründete Werturteile gehören nicht in eine wissenschaftliche Arbeit.

Beziehen Sie Position!

Formulieren Sie Ihre eigene Stellungnahme, indem Sie kontroverse Positionen darstellen und in Ihrer vergleichenden Schlussfolgerung deutlich machen, warum Sie sich einer der beiden Meinungen anschließen.

Beim Thema „Killerspiele" etwa könnten Sie nach der Darstellung der beiden Positionen „Hemmschwelle sinkt/negatives Vorbild" kontra „Teamgeist/Motivation" ausführen:

Beispiel
Obwohl gewaltverherrlichende Spiele in interaktiven Szenarien durchaus kommunikationsfördernd wirken können, überwiegt in empirischen Studien die Beobachtung, dass sie nicht selten auch reale Gewalt provozieren. Auch wenn

> sich dieser Zusammenhang nicht monokausal beweisen lässt, sollte aufgrund der schwerwiegenden möglichen Folgen der Hinweis auf die statistische Häufigkeit genügen, um eine strengere Kontrolle von „Killerspielen" zu fordern.

Wie ausgeprägt Ihre eigene Meinung in Ihrem Text deutlich werden soll, hängt stark von Ihrem Fach ab. Manche Wissenschaften tolerieren gar keine subjektiv gefärbten Statements. Allerdings müssen Sie dennoch Stellung beziehen, indem Sie einer Forschungsposition begründet zustimmen und eine andere gegebenenfalls widerlegen.

Andere Wissenschaften verlangen immer einen Hinweis auf die eigene Motivation und den eigenen Erkenntnisgewinn. Klären Sie also vor dem Schreiben der Arbeit ab, was in Ihrem Fach üblich ist und blättern Sie, wenn möglich, andere bereits benotete Hausarbeiten durch.

Manchmal fällt es schwer, zur eigenen Meinung zu stehen, weil man sich nicht sicher ist, ob man auf der richtigen Seite steht. Machen Sie sich klar, dass es genügt, eine Meinung mit dem Hinweis auf Forschungsergebnisse und/oder Datenmaterial zu belegen, um auf alle Fälle „richtig" zu liegen.

5.6 Wie zeige ich meine Eigenleistung?

Manchmal hat man das Gefühl: Es ist doch alles schon gesagt: Wie soll ich da noch etwas Neues bringen? Machen Sie sich klar, dass es bei der ersten Hausarbeit gar nicht Ihre Aufgabe ist, Neues zu entdecken, sondern sich im wissenschaftlichen Arbeiten einzuüben. Sie legen also in Ihrer Hausarbeit in der Regel keine neuen Ergebnisse vor, sondern bereiten vorhandenes Wissen strukturiert auf.

Was wird von mir erwartet?

1. Sie sollen eine klare Fragestellung entwickeln bzw. die Frage hinter dem Thema identifizieren.
2. Sie sollen einige relevante Forschungsbeiträge kennen, sie zusammenfassen und in eigenen Worten wiedergeben.
3. Sie sollen daraus die Antwort auf die zentrale Frage in nachvollziehbar aufeinander aufbauenden Schritten entwickeln.
4. Sie sollen Position beziehen und Ihre eigene Stellungnahme mit den Erkenntnissen der Sekundärliteratur in Verbindung setzen.

Das bedeutet, dass Sie nicht nur zusammenhanglos Forschungsergebnisse aneinanderreihen, sondern die Sekundärliteratur nutzen, um eine überzeugende Argumentation zu entwickeln. Deshalb ist es hilfreich, sich zu Beginn erst einmal klarzumachen, wie der rote Faden aussieht, aus welchen Modulen er besteht und wie sich diese Module verbinden lassen.

Wenn Sie Ihren roten Faden entwerfen, erhalten Sie eine Art Fahrplan für Ihre Arbeit (vgl. Kap. 5.2). Skizzieren Sie zunächst einen ersten Rohentwurf Ihrer Argumentation und arbeiten Sie die relevanten Forschungsbeiträge nachträglich ein (vgl. Kap. 3.9). Als Eigenleistung gilt übrigens auch – nicht nur! – das Reformulieren der Sekundärliteratur. Wie das am besten gelingt, lesen Sie in Kapitel 3.8.

6. Was kommt in die Einleitung?

6.1 Wie lang soll die Einleitung sein?

In der Einleitung nehmen Sie Kontakt mit Ihrem Leser auf und führen ihn in Ihre Arbeit ein.

Fassen Sie sich kurz!

Ihre Einführung sollte nicht mehr als maximal 10% der Arbeit umfassen. Es genügt auch, wenn Sie nur eine halbe Seite schreiben. Wenn Ihre Einleitung länger geraten ist, haben Sie wahrscheinlich Aspekte angesprochen, die in den Hauptteil gehören, z.B. Hintergrundinformationen, Begründungen, Beispiele.

Sie können Ihre Einleitung einfach „Einleitung" nennen. Manche Lehrende bevorzugen allerdings eine inhaltliche Formulierung.

Beispiel
In einer Arbeit zum Thema „Festivals und Stadtmarketing" könnte Ihre Einleitung den Titel „Auf dem Weg in die Erlebnisgesellschaft" tragen.

6.2 Was muss alles rein?

Folgende Aspekte sollten/können in Ihrer Einleitung angesprochen werden:

- Thema
- Fragestellung
- evtl. Relevanz
- evtl. Forschungslage
- Vorgehen
- Ergebnisse

In einer ersten Hausarbeit wird die Einleitung nicht untergliedert, sondern alle Aspekte werden in einem Fließtext dargestellt.

Erklären Sie Ihr Thema!

Erläutern Sie zunächst kurz, in welchem Rahmen Ihr Thema steht. Nehmen wir an, Sie bearbeiten das Thema „Autofreie Städte – eine Vision für die Zukunft?", dann könnten Sie mit einem Blick auf die Diskussion in den Medien beginnen:

Beispiel
Die Diskussion um gefährlich erhöhte Abgaswerte in Großstädten nimmt in den Medien immer mehr Fahrt auf. Befürworter und Gegner scheinen gleichermaßen einleuchtende Argumente auf ihrer Seite zu haben.

Formulieren Sie Ihre zentrale Frage!

Leiten Sie die zentrale Frage aus dem Thema ab:

> **Beispiel**
> Aber wie denkt eigentlich die betroffene Bevölkerung darüber? Wie beurteilen verschiedene Bevölkerungsgruppen die Idee autofreier Innenstädte? Dieser Frage geht die vorliegende Arbeit nach, indem sie aktuelle Befragungen auswertet.

Sie müssen Ihre Frage nicht unbedingt in Frageform formulieren, sondern können sie auch implizit stellen:

> **Beispiel**
> Deshalb liegt die Frage nahe, wie eigentlich die betroffene Bevölkerung darüber denkt und wie verschiedene Bevölkerungsgruppen die Idee autofreier Innenstädte beurteilen.

Auf rhetorische Fragen sollten Sie in Ihrer Hausarbeit dagegen verzichten. Rhetorische Fragen eignen sich zwar hervorragend für Vorträge, weil sie das Interesse des Zuhörers wachhalten, in Hausarbeiten aber führen sie eher in die Irre. Eine Hausarbeit sollte nämlich nur die Fragen aufwerfen, die in der Arbeit argumentativ beantwortet werden.

Betonen Sie nach der Formulierung Ihrer Frage gegebenenfalls die Relevanz Ihres Themas, geben Sie einen kurzen Überblick über die Forschung, skizzieren Sie Ihr Vorgehen und deuten Sie Ihre Ergebnisse an (vgl. Kap. 6.3-6).

Wenn Sie ausdrücken möchten, dass Sie Ihr Thema nicht in aller Breite behandeln können, wählen Sie eine positive Formulierung. Schreiben Sie also nicht „Diese Arbeit kann leider nicht alle Aspekte dieser Entwicklung aufzeigen", sondern: „Diese Arbeit konzentriert sich auf das wichtigste Merkmal dieser Entwicklung."

6.3 Wie wecke ich Interesse für das Thema?

Wecken Sie von Anfang an das Interesse des Lesers, indem Sie Ihre Forschungsfrage klar formulieren und ihre Relevanz begründen. Letzteres ist zwar kein Muss für eine erste Hausarbeit, es macht sich aber gut.

Die Einleitung ist die Visitenkarte Ihrer Arbeit!

Überlegen Sie deshalb gründlich, wie Sie Ihren Leser gewinnen. Sprechen Sie am besten mit Freunden über Ihr Thema, fragen Sie nach, was sie interessieren würde, was sie spannend finden. Sie werden vielfältige Antworten bekommen. Dann wählen Sie ein Argument für die Einleitung aus und heben ein Argument für den Schlussteil auf, so dass Einleitung und Schluss wie eine Klammer um den Hauptteil gespannt werden können.

Für das Thema „Autofreie Städte – eine Vision für die Zukunft?" könnte eine mögliche Überlegung lauten:

Beispiel
Erst wenn relevante Erkenntnisse zu Akzeptanz oder Ablehnung autofreier Innenstädte durch die betroffene Bevölkerung vorliegen, lassen sich neue Konzepte entwickeln, die Aussicht auf Erfolg versprechen.

Wenn Ihr Thema keine praktische Relevanz erkennen lässt, entdecken Sie Momente im Text, in den Quellen, in der Forschung, die neugierig machen.

Beispiel
Die Romane des japanischen Autors Haruki Murakami sind in Deutschland außerordentlich beliebt. Sie könnten z.B. danach fragen, welche Rolle der Einbruch des Übernatürlichen in dem Roman „Wilde Schafsjagd“ spielt und ob sich dadurch die Attraktivität dieses Romans erklären lässt.

Manche Lehrende möchten auch den persönlichen Bezug des Schreibers zum gewählten Thema erfahren, andere lehnen dies ab. Wenn Sie einen persönlichen Bezug herstellen wollen, können Sie auf eigene Beobachtungen und Erfahrungen hinweisen.

Beispiel
Thema „Kultur und Kommerzialisierung am Beispiel Indien“: Auf einer organisierten Südindienreise kamen wir dank der Sprachkompetenz unseres indischen Reiseführers mit zahlreichen Einheimischen ins Gespräch. Sobald wir jedoch Probleme ansprachen, die der wachsende Tourismus mit sich bringen kann, stießen wir entweder auf Unverständnis oder auf Ablehnung. Sicherlich hatte das vor allem mit den Rollenzuschreibungen und dem Setting zu tun. Rückblickend frage ich mich aber, welche Vor- und Nachteile der Tourismus tatsächlich für das Land mit sich bringt. Dieser Frage möchte ich in meiner Hausarbeit nachgehen.

6.4 Muss ich in der Einleitung Forschung anführen?

In der Regel wird in einer Arbeit unter 15 Seiten kein Forschungsüberblick verlangt (vgl. 6.2). Wenn Ihre Hausarbeit länger werden soll und ein Forschungsüberblick erwartet wird, fassen Sie sich auf alle Fälle kurz.

Identifizieren Sie kontroverse Positionen!

Kennzeichnen Sie zwei kontroverse Positionen mit jeweils ein oder zwei Sätzen und weisen Sie die Herkunft der referierten Positionen nach.

> **Beispiel**
> Die Diskussion über autofreie Innenstädte wurde, besonders nach der Jahrtausendwende, vorwiegend mit Blick auf Großstädte geführt und dort auf bestimmte Lobbygruppen oder einzelne Bevölkerungsgruppen konzentriert. So registrierte Schulze (2014) unter Selbstständigen in Ballungsgebieten rigorose Ablehnung, während Wilkes Untersuchung (2017) von überwiegender Akzeptanz bei vielen jüngeren Arbeitnehmern spricht. Für Maßnahmen, die mehr oder weniger den Alltag aller Menschen betreffen, bedarf es aber eines Überblicks über Tendenzen in der Gesamtbevölkerung, der erst durch den Vergleich unterschiedlicher Studien gewonnen werden kann.

6.5 Wie skizziere ich den Verlauf der Arbeit?

Erklären Sie dem Leser, wie Ihre Arbeit aufgebaut ist. Begründen Sie dabei Ihr Vorgehen.

Erklären Sie den Zusammenhang zwischen den Kapiteln!

Ihre Einleitung soll im Unterschied zur Gliederung deutlich machen, wie die einzelnen Kapitel sich auf die zentrale Fragestellung beziehen.

Beispiel
Nach einer Erläuterung des Konzepts zur autofreien Innenstadt (Kap. 1) werden zunächst die Studien zu unterschiedlichen Berufsgruppen ausgewertet, weil sich im beruflichen Kontext der energischste Protest formiert (Kap. 2). Anschließend werden Untersuchungen zu verschiedenen Altergruppen in unterschiedlichen Lebenslagen herangezogen, weil z.B. junge Familien ganz andere Bedürfnisse artikulieren als etwa Senioren oder Singles mittleren Alters (Kap. 3). Abschließend wird nach möglichen Geschlechtsunterschieden gefragt, denn die Akzeptanz oder Ablehnung autofreier Innenstädte beruht nicht zuletzt auch auf unterschiedlichen Sozialisationserfahrungen (Kap. 4).

Um den Aufbau Ihrer Arbeit zu beschreiben, können Sie die folgenden Formulierungen verwenden:

FORMULIERUNGEN FÜR DEN AUFBAU DER ARBEIT

- die Arbeit gliedert sich in vier Teile …
- zunächst untersuche ich …
- daran schließt sich … an
- schließlich vergleiche ich …

oder

- Kapitel 3 diskutiert …
- Kapitel 3 untersucht …
- Kapitel 3 überprüft …
- Kapitel 3 beschäftigt sich mit …

6.6 Soll ich in der Einleitung schon das Ergebnis vorwegnehmen?

Es ist unter Dozenten/Dozentinnen umstritten, ob das Ergebnis schon in der Einleitung auftauchen sollte. Im Zweifelsfall fragen Sie also nach.

Benennen Sie Ihre Ergebnisse!

Wenn Sie keine Vorgaben haben, empfiehlt es sich, die Ergebnisse in der Einleitung kurz anzudeuten. Dieser Hinweis konsolidiert Ihre Argumentation: Ihr Leser erfährt zunächst Ihre zentrale Frage, dann Ihr Vorgehen und schließlich Ihr Ergebnis. So hat er den roten Faden von Anfang an vor Augen und kann jeden Ihrer Schritte nachvollziehen.

Es genügt, wenn Sie kurz die Antwort auf Ihre zentrale Frage umreißen; Beispiele und Begründungen liefert später Ihr Hauptteil.

> **Beispiel**
> Es wird sich zeigen, dass vor allem Selbstständige und Familien mit Kindern sowie männliche Singles im mittleren Lebensalter autofreie Innenstädte vehement ablehnen, während abhängig beschäftigte Frauen und Senioren sich eher für eine autofreie Innenstadt aussprechen.

Sie müssen nicht befürchten, dass Sie Ihrer Arbeit die Spannung nehmen, wenn Sie Ihre Ergebnisse nennen. Ihre Hausarbeit ist kein Krimi. Die Spannung liegt nicht im Ergebnis selber, sondern in den Befunden und Argumenten, die Ihre Behauptungen stützen.

6.7 Wie komme ich am besten ins Schreiben der Einleitung?

Es gibt verschiedene Wege, um die Einleitung zügig zu schreiben:

Schreiben Sie nach Stichpunkten!

Notieren Sie Stichpunkte zu allen unter Punkt 6.2 genannten Aspekten. Erklären Sie dann jeden Aspekt mit ein oder zwei Sätzen. Anschließend verbinden Sie diese Sätze zu einem in sich schlüssigen Fließtext.

Für das Thema „Autofreie Städte – eine Vision für die Zukunft?" beispielsweise könnten Sie die erklärenden Sätze für jeden der genannten Unterpunkte in einem Fließtext zusammenfassen und von Fall zu Fall die Übergänge durch Konjunktionen (Bindewörter) verstärken.

Beispiel
Die Diskussionen um gefährlich erhöhte Abgaswerte in Großstädten nimmt in den Medien immer mehr Fahrt auf. Befürworter und Gegner scheinen gleichermaßen einleuchtende Argumente auf ihrer Seite zu haben. Aber wie denkt eigentlich die betroffene Bevölkerung darüber? Wie beurteilen verschiedene Bevölkerungsgruppen die Idee autofreier Innenstädte? Dieser Frage geht die vorliegende Arbeit nach, indem sie aktuelle Befragungen auswertet. Denn erst wenn relevante Erkenntnisse zu Akzeptanz oder Ablehnung autofreier Innenstädte durch die betroffene Bevölkerung vorliegen, lassen sich neue Konzepte entwickeln, die Aussicht auf Erfolg versprechen.
Die Diskussion über autofreie Innenstädte wurde, besonders nach der Jahrtausendwende, vorwiegend mit Blick auf

Großstädte geführt und dort auf bestimmte Lobbygruppen oder einzelne Bevölkerungsgruppen konzentriert. So registrierte Schulze (2014) unter Selbstständigen in Ballungsgebieten rigorose Ablehnung, während Wilkes Untersuchung (2017) von überwiegender Akzeptanz bei vielen jüngeren Arbeitnehmern spricht. Für Maßnahmen, die mehr oder weniger den Alltag aller Menschen betreffen, bedarf es aber eines Überblicks über Tendenzen in der Gesamtbevölkerung, der erst durch den Vergleich unterschiedlicher Studien gewonnen werden kann.

Deshalb werden nach einer Erläuterung des Konzepts zur autofreien Innenstadt (Kap. 1) zunächst die Studien zu unterschiedlichen Berufsgruppen ausgewertet, weil sich im beruflichen Kontext der energischste Protest formiert (Kap. 2). Anschließend werden Untersuchungen zu verschiedenen Altersgruppen in unterschiedlichen Lebenslagen herangezogen, weil z.B. junge Familien ganz andere Bedürfnisse artikulieren als etwa Senioren oder Singles mittleren Alters (Kap. 3). Abschließend wird nach möglichen Geschlechtsunterschieden gefragt, denn die Akzeptanz oder Ablehnung autofreier Innenstädte beruht nicht zuletzt auch auf unterschiedlichen Sozialisationserfahrungen (Kap. 4). Es wird sich zeigen, dass vor allem Selbstständige und Familien mit Kindern sowie männliche Singles im mittleren Lebensalter autofreie Innenstädte vehement ablehnen, während vorwiegend abhängig beschäftigte Frauen und Senioren sich eher für eine autofreie Innenstadt aussprechen.

Schreiben Sie mehrere Einleitungen!

Oft fühlt man sich blockiert bei dem Gedanken, eine perfekte Einleitung als Visitenkarte der Arbeit formulieren zu müssen. Anstatt immer wieder von vorn zu beginnen und wieder zu löschen, schreiben Sie einfach ohne weitere Kontrolle drei oder vier Versionen. Sie werden sehen, dass Sie leichter ins Schreiben kommen. Anschließend wählen Sie eine Version aus und überarbeiten sie.

Schreiben Sie eine Bewerbung!

Stellen Sie sich vor, Sie wollten sich für ein Stipendium für Ihre Arbeit bewerben. Wie würden Sie Ihr Projekt vorstellen? Achten Sie darauf, dass Sie Ihre Geldgeber gut informieren und gleichzeitig neugierig machen.

7. Was kommt in den Schluss?

7.1 Wie lang soll der Schluss sein?

Im Schlussteil Ihrer Arbeit fassen Sie Ihre Ergebnisse noch einmal zusammen.

Halten Sie Ihr Fazit kurz!

Der Schlussteil Ihrer Arbeit, der grundsätzlich nicht untergliedert wird, sollte nicht mehr als höchstens 5% des Gesamttextes ausmachen. Das heißt nicht, dass Sie auf 5% kommen müssen, es darf durchaus weniger sein. Nur wenn Ihr Schluss umfangreicher ausfällt, haben Sie sehr wahrscheinlich Aussagen hineingebracht, die im Schlussteil nichts zu suchen haben.

Skizzieren Sie den Schluss zunächst in Stichworten unmittelbar nach Fertigstellung des Hauptteils, weil Sie zu diesem Zeitpunkt Ihre Ergebnisse am besten präsent haben. Formulieren Sie aber den Fließtext dazu möglichst erst, nachdem Sie die Einleitung schon geschrieben haben. So können Sie im Fazit an Aspekte der Einleitung anschließen.

Folgen Sie also beim Schreiben der Reihenfolge: Hauptteil – Einleitung – Schluss.

7.2 Was muss alles rein?

In kurzen wissenschaftlichen Arbeiten wählen Sie am häufigsten den resümierenden Schluss. Er benennt die Ergebnisse Ihrer Arbeit.

Fassen Sie Ihre wichtigsten Ergebnisse kurz zusammen!

Überlegen Sie, welche Behauptungen zur Beantwortung Ihrer zentralen Frage unverzichtbar sind. Diese Behauptungen sind Ihre wichtigsten Ergebnisse.

Begründen Sie Ihre Ergebnisse nicht, bringen Sie keine Beispiele mehr, führen Sie vor allem keine neue Literatur, keine neuen Quellen oder Daten ein und werfen Sie keine neuen Fragen auf.

Um Ihre Ergebnisse zusammenzufassen, können Sie die folgenden Formulierungen verwenden:

FORMULIERUNGEN FÜR DAS FAZIT
diese Studie hat gezeigt
zusammenfassend lässt sich feststellen
die Analyse hat ergeben
abschließend ist festzuhalten

Beantworten Sie klar die zentrale Frage!

Diese Antwort haben Sie zwar schon in Ihrer Argumentation gegeben, im Schlussteil aber wiederholen Sie die Antwort mit Rückbezug auf Ihre Einleitung.

In der Einleitung haben Sie die zentrale Frage formuliert, im Schlussteil greifen Sie diese Frage nochmals auf und beantworten sie.

TIPP
Achten Sie darauf, dass Sie keine Fragen beantworten, die Sie zuvor gar nicht gestellt haben!

Weiteren Forschungsbedarf aufzuzeigen, wie in Studienabschlussarbeiten üblich, wird in der ersten Hausarbeit nicht verlangt. Wenn Ihnen aber ein Aspekt auffällt, den man weiterverfolgen könnte, nennen Sie ihn.

In seltenen Fällen erwarten Lehrende auch ein Fazit, das den gesamten Verlauf der Arbeit noch einmal rekapituliert:

- Was wollte ich herausfinden?
- Wie bin ich vorgegangen?
- Welche Ergebnisse habe ich erzielt?
- Wie sind diese Ergebnisse zu interpretieren?

Schließen Sie auch hier an die Einleitung an, beantworten Sie aber die einzelnen Fragen Schritt für Schritt.

Im Zweifelsfall fragen Sie vorsichtshalber bei Ihren Lehrenden nach, welche Form des Fazits sie erwarten. Manche Dozenten/Dozentinnen z.B. lehnen auch die Wiederholung der Ergebnisse im Schlussteil völlig ab und erwarten stattdessen lediglich eine eigene Stellungnahme.

Sie können den Schlussteil einfach „Schluss" oder „Fazit" nennen, Sie können aber auch eine passende inhaltliche Überschrift wählen. So überschreibt eine Arbeit über Armut in

Industrieländern ihr Schlusskapitel mit „Armut im Reichtum – Armut durch Reichtum?".

7.3 Wie verbinde ich Einleitung und Schluss?

Wenn Sie in der Einleitung die Relevanz Ihrer Frage betont haben, greifen Sie dieses Argument nochmals auf. Beim Thema „Autofreie Städte – eine Vision für die Zukunft?" etwa könnten Sie formulieren:

Beispiel
Die Feststellung, dass die Bevölkerung autofreie Innenstädte mehrheitlich ablehnt, sollte dazu führen, neben kurzfristigen Kompromissen vor allem Strategien zu entwickeln, die durch einen Interessenausgleich zu einer dauerhaften Win-Win-Situation führen.

Wenn Ihr Thema keine aktuelle Relevanz aufweist, *können* Sie auf weiteren Forschungsbedarf hinweisen. So wäre z.B. bei dem Thema „Murakamis *Wilde Schafsjagd*" danach zu fragen, ob der Einbruch des Übernatürlichen, der die Faszination dieses Romans wesentlich ausmacht, auch in anderen Romanen des Autors bestimmend wirkt.

7.4 Wie formuliere ich die letzten Sätze?

Der letzte Satz oder die letzten Sätze fallen vielen Schreibenden schwer, weil sie zu Recht vermuten, dass der Ausklang der Arbeit wie auch der Einstieg den Eindruck des Lesers besonders prägt.

Am einfachsten ist es, wenn Sie im letzten Satz die Relevanz Ihrer Ergebnisse noch einmal prägnant herausarbeiten (vgl. Beispiel zum Thema „autofreie Städte" in 7.3). Es gibt aber auch andere Möglichkeiten, den letzten Satz zu formulieren.

Schließen Sie Ihre Arbeit mit einem Zitat!

Eine elegante Möglichkeit, die eigene Arbeit zu beschließen, ist das Zitat. Sie können einen prägnanten Satz aus der Forschung, aus Quellen oder Texten zitieren und damit Ihr Fazit wirkungsvoll unterstreichen.

Beispiel
Thema: „Trends in der Mode: der Minirock"
Wie selbstverständlich der Minirock im Alltagsbewusstsein seinen Platz hat, illustriert die Äußerung des amerikanischen Schauspielers Danny Kaye: „Ich habe meine Rede wie einen Minirock entworfen: lang genug, um das Wesentliche abzudecken und kurz genug, um interessant zu sein."

Nutzen Sie das Zitat als Schlussakzent nur, wenn Ihr Fach wörtliche Zitate grundsätzlich vorsieht.

Schließen Sie mit einer Frage!

Wenn sich kein passendes Zitat anbietet, können Sie auch mit einer Frage enden.

Wenn Sie z.B. das Thema: „KI (Künstliche Intelligenz) und Arbeitsmarkt" bearbeiten, könnten Sie untersuchen, wie sich möglicherweise die rasante Weiterentwicklung künstlicher Intelligenz auf den Arbeitsmarkt auswirkt. Sie kommen zu dem Ergebnis, dass in Zukunft Roboter zahlreiche Aufgaben übernehmen werden, die zuvor von Menschen wahrgenommen wurden, dass jedoch durch den Einsatz von Künstlicher Intelligenz auch andere, neue Aufgaben erwachsen, die nur von menschlichen Arbeitskräften bewältigt werden können. Sie schließen mit einer indirekt formulierten Frage.

Beispiel
Zu überlegen wäre, ob und auf welchen Gebieten der Einsatz Künstlicher Intelligenz von der Bevölkerung insgesamt akzeptiert wird und welche möglichen Szenarien in dieser Hinsicht überhaupt wünschenswert sind.

8. Wie schreibt man wissenschaftlich?

8.1 Was ist wissenschaftlicher Stil?

Wissenschaftlicher Stil lässt sich nicht eindeutig definieren. Er entsteht aus Konventionen, die sich beschreiben und vermitteln lassen, die sich aber auch verändern. Trotz dieser Offenheit kann man Kriterien auflisten, die in jedem wissenschaftlichen Text zu beachten sind. Dabei ist es wichtig, sich klarzumachen, dass wissenschaftliche Kriterien keine willkürlichen Anforderungen sind, sondern aus der Kommunikationssituation hervorgehen. Der Autor transportiert sein Wissen in einem Text, den der Leser entschlüsseln muss. Da der Leser in diesem indirekten Kommunikationsprozess nicht mit dem Autor Rücksprache halten kann, müssen alle Signale zur Entschlüsselung in die Texte selber eingeschrieben sein. Hieraus ergeben sich grundlegende Regeln wissenschaftlicher Texte.

Beachten Sie die 6 Grundregeln wissenschaftlicher Texte!

GRUNDREGELN WISSENSCHAFTLICHER TEXTE

1. Jede Arbeit muss eine Forschungsfrage formulieren.
2. Die zentrale Frage muss beantwortet werden.
3. Hypothesen müssen widerspruchsfrei bewiesen oder widerlegt werden.
4. Der Autor muss sein Vorgehen erläutern.
5. Subjektive Wertungen müssen begründet werden.
6. Jede wörtliche oder inhaltliche Übernahme muss gekennzeichnet werden.

Diese grundlegenden Regeln müssen Sie in jeder Arbeit berücksichtigen, unabhängig von der sprachlichen Formulierung.

Achten Sie auf Klarheit und sprachliche Präzision!

Jeder wissenschaftliche Text folgt nicht nur bestimmten Regeln, er benutzt auch eine eigene Sprache, die zum Ziel hat, Informationen präzise und knapp zu vermitteln. Gedankliche Klarheit auf der einen und sprachliche Präzision auf der anderen Seite verbinden sich in einem wissenschaftlichen Text zu einer argumentativen Einheit. Auf diesen zwei Pfeilern baut die Sprache der Wissenschaft auf.

8.2 Wie wird mein Text verständlich?

Ein Pfeiler wissenschaftlicher Sprache ist die gedankliche Klarheit. Sie ist für den Zusammenhang zwischen den Gedanken verantwortlich und sorgt für die nötige Logik Ihres Textes.

Wenn Sie die folgenden 4 Regeln umsetzen, wird Ihr Text verständlich und leserfreundlich.

1. Stellen Sie zusammen dar, was zusammengehört!

Überlegen Sie zunächst, welche Gedanken in Ihrem Text vorkommen sollen. Legen Sie anschließend eine Reihenfolge fest und stellen Sie sich dabei vor, dass Sie für einen Leser schreiben, der Ihre Materie nicht kennt.

Entwerfen Sie einen Textfahrplan!

Sie können zunächst einzelne Sätze formulieren, die Sie erst später zu einem zusammenhängenden Text verbinden.

Beispiel
Einleitung zum Thema: „Die Entstehung neuer sozialer Bewegungen in Deutschland"

1. Neue soziale Bewegungen sind meistens NGOs (nichtstaatliche Organisationen).
2. Sie hatten in ihren Anfängen keine formellen Mitglieder.
3. Sie fühlen sich durch gemeinsame Ziele verbunden.
4. Sie sind heterogen zusammengesetzt.
5. Ihre Aktionsformen sind sehr unterschiedlich.
6. Ziel aller Aktionen ist Öffentlichkeit und Druck auf politische Entscheidungsträger.

Mit einer solchen Liste haben Sie einen Fahrplan, an dem entlang Sie Ihren Text schreiben können.

2. Trennen Sie Wichtiges von Unwichtigem!

Überlegen Sie Abschnitt für Abschnitt, um welches Thema es in diesem speziellen Abschnitt gehen soll. Achten Sie dann darauf, dass alle Aussagen sich auf dieses Thema beziehen. Wenn Sie merken, dass Sie abschweifen, kopieren Sie diese

Gedanken, die vom Thema wegführen, in ein eigenes Dokument. Später können Sie sicher den ein oder anderen Gedanken für Ihre Einleitung oder Ihren Schluss nutzen.

Formulieren Sie eine Frage für jeden Abschnitt!

Hilfreich ist es, vor dem Schreiben zu jedem Abschnitt eine Frage zu formulieren. Diese Fragen sind die Unterfragen, die Sie bereits im Arbeitsprozess gebildet haben, um Ihre zentrale Frage zu beantworten. Prüfen Sie also, ob der Text eines Abschnitts tatsächlich die Frage dieses Abschnitts beantwortet.

Die Frage selbst wird im Text in der Regel nicht ausdrücklich formuliert.

3. Bringen Sie Ihre Aussage auf den Punkt!

Anstatt ausführlich einen Sachverhalt zu beschreiben oder einen Vorgang nachzuerzählen, konzentrieren Sie sich auf die wichtigste Aussage.

Formulieren Sie *einen* zentralen Satz!

In jedem Abschnitt sollten Sie *einen* zentralen Satz formulieren, der die wichtigste Information enthält. Sie ist in der Regel die Antwort auf die Frage dieses Abschnitts. Anschließend prüfen Sie, welche Aussagen nötig sind, um diesen Satz zu erklären oder zu begründen.

Lassen Sie schmückendes Beiwerk weg, ergänzen Sie Ihren Text allenfalls hin und wieder durch ein Beispiel.

Nehmen wir als Beispiel das Thema „Slogans in der Werbung". Der folgende Abschnitt ist wortreich und umständlich formuliert:

Beispiel
Slogans sind kurze verbale Werbeaussagen, die man sich gut merken kann. Da sie oft wiederholt werden, merkt sich der Leser oder Zuschauer nach einiger Zeit den entsprechenden Slogan. Denn Slogans werden sowohl in der Fernsehwerbung als auch in der Printwerbung eingesetzt. Der Leser soll, wenn er die Werbung sieht, das Produkt oder die Firma wiedererkennen. So denken z.B. die meisten Zuschauer, wenn sie den Satz „Nichts ist unmöglich" hören, sofort an den Autobauer Toyoto, der diesen Slogan 1985 prägte. Manchmal wird der Slogan auch mit unterschiedlichen Bildern und Texten kombiniert. Dennoch bleibt er selber unverändert. Verändert werden die Kontexte lediglich je nach der Zielgruppe, die angesprochen werden soll.

Kürzer und prägnanter klingt der folgende Abschnitt:

Beispiel
Slogans sind kurze einprägsame verbale Werbeaussagen, die medienübergreifend eingesetzt werden, um in Verbindung mit dem Produkt- oder Firmennamen der Wiedererkennung zu dienen. Wie das Beispiel „Nichts ist unmöglich" als Slogan des Autobauers Toyota seit 1985 zeigt, bleiben sie oftmals über lange Zeit unverändert und tragen so zur Imagebildung bei. Ihre Einbettung in visuelle oder verbale Zusammenhänge kann sich zwar je nach Zielgruppe ändern, die zentrale Botschaft bleibt dagegen konstant.

Im ersten Beispiel fällt es schwer, den zentralen Satz zu finden. Im zweiten Abschnitt lässt sich dagegen sofort der erste Satz als wichtigster identifizieren.

4. Verbinden Sie Ihre Sätze logisch miteinander!

Ein wissenschaftlicher Text soll seinen Leser überzeugen. Das gelingt nur, wenn der Leser der Argumentation folgen kann. Dazu braucht er aber die Hilfestellung des Autors, der ihm signalisiert, wie seine Aussagen untereinander zusammenhängen. Das wichtigste Mittel, um Missverständnisse zu vermeiden, ist deshalb die logische Verknüpfung.

Beispiel
Sie treffen zwei Feststellungen, ohne sie logisch zu verbinden:
1. Dieser Song ist beliebt.
2. Er thematisiert alltägliche Rituale.

Der Leser kann nun unterschiedliche Zusammenhänge herstellen:

Dieser Song ist beliebt, weil er alltägliche Rituale thematisiert, oder:
Dieser Song ist beliebt, obwohl er alltägliche Rituale thematisiert.

Beispiel
Manchmal gibt es sogar mehr als zwei Möglichkeiten der Interpretation:
1. Der Politiker scheitert.
2. Sein Gegenspieler steigt auf.

Hier sind drei Deutungen möglich:
Der Politiker scheitert, während sein Gegenspieler aufsteigt, oder:
Der Politiker scheitert, weil sein Gegenspieler aufsteigt, oder:
Der Politiker scheitert, so dass sein Gegenspieler aufsteigt.

Jede Variante hat eine andere Bedeutungsnuance. Deshalb müssen Sie als Autor/Autorin die logischen Bezüge klar benennen.

8.3 Wie formuliere ich präzise?

Der *zweite* Pfeiler wissenschaftlicher Sprache ist neben der gedanklichen Klarheit die sprachliche Präzision. Auch hier gilt es, 5 Regeln zu beachten.

1. Sagen Sie die Hauptsache im Hauptsatz!

Verstecken Sie wichtige Aussagen nicht in Nebensätzen, sondern nutzen Sie dafür den Hauptsatz. Die Aussage eines Hauptsatzes erfasst die Leserin am schnellsten und kann anschließend leicht die nachfolgenden Nebensätze zuordnen.

In einem unübersichtlichen Satzgefüge geht die wichtigste Aussage leicht unter:

Beispiel
In Querschnittsstudien, die Fernsehnachrichten unterschiedlicher Sendeanstalten untersuchten, um herauszufinden, wie Computeranimationen die Zuschauenden beeinflussen können, hat sich gezeigt, dass diese Animationen leicht dazu verführen, durch Manipulation von Bildmaterial Authentizität vorzuspiegeln.

Wenn Sie die Hauptaussage im Hauptsatz formulieren, kommt die Botschaft sofort an:

Beispiel
Computeranimationen in Fernsehnachrichten verführen leicht zu vorgespiegelter Authentizität. Querschnittstudien in unterschiedlichen Sendeanstalten konnten aufzeigen, wie der Zuschauer durch die Manipulation von Bildmaterial beeinflusst wird.

2. Lösen Sie Schachtelsätze auf!

Sobald Sie sich Ihren Text laut vorlesen, merken Sie, ob er sich flüssig liest oder schwerfällig. Oft sind Schachtelsätze daran schuld, dass der Leser nur schwer folgen kann. Schwer verständliche Satzmonster gelten manchen Studierenden als „wissenschaftlich". Dabei sind sie einfach nur schlecht formuliert.

Zwar sollen Sie in wissenschaftlichen Texten durchaus anspruchsvoll formulieren und mit Haupt- und Nebensätzen arbeiten, sorgen Sie aber immer für überschaubare Sätze. Wenn Sie nicht mehr als einen Nebensatz *vor* den Hauptsatz stellen, wird Ihr Text übersichtlich. Wenn zusätzlich nicht mehr als zwei Nebensätze auf den Hauptsatz folgen, lassen sich Ihre Aussagen besonders leicht aufnehmen.

Ein verschachtelter Satz wie der folgende liest sich mühsam:

Beispiel
Um die belasteten Innenstädte von Dieselfahrzeugen zu entlasten, die, wie eine aktuelle Studie in deutschen Großstädten, die im Auftrag der Bundesregierung durchgeführt wurde, ergeben hat, die Hauptverursacher der Luftverschmutzung sind, müssen in Ballungsräumen unter Umständen Fahrverbote erlassen werden.

Flüssiger liest sich der folgende, übersichtliche Satz:

> **Beispiel**
> Eine aktuelle Studie im Auftrag der Bundesregierung hat ergeben, dass Dieselfahrzeuge in deutschen Großstädten die Hauptverursacher der Luftverschmutzung sind. Um die belasteten Innenstädte zu entlasten, müssen in Ballungsräumen unter Umständen Fahrverbote erlassen werden.

3. Nutzen Sie die Wortstellung!

Achten Sie auf die Wortstellung, um Ihre Argumentation zu festigen. Sie können mit einfachen Umstellungen viel erreichen. Wenn Sie z.B. einen Gegensatz markieren wollen, nutzen Sie die Anfangsposition im Satz, um diesen Gegensatz zu betonen.

> **Beispiel**
> <u>Juristisch</u> bestehen keine grundsätzlichen Bedenken gegen Fahrverbote, <u>gesellschaftspolitisch</u> sind diese Maßnahmen allerdings umstritten.

Setzen Sie auch das Wörtchen „auch" gezielt ein, um Ihre Aussage zu spezifizieren.

> **Beispiel**
> Wir haben Fahrverbote <u>auch</u> schon in anderen Ländern testen können.
>
> <u>Auch</u> Fahrverbote haben wir schon in anderen Ländern testen können.
>
> <u>Auch</u> wir haben Fahrverbote schon in anderen Ländern testen können.

Wir haben Fahrverbote in anderen Ländern auch schon testen können.

Je nach der Stellung des Wortes „auch" erhalten Sie eine andere Aussage. Ähnliches können Sie z.B. mit den Wörtern „nur", „bloß", „allein" „gerade", „besonders", „ausgerechnet", „einzig", „hauptsächlich" und „vor allem" erreichen.

4. Nutzen Sie Nominalisierungen!

Nominalisierung ist die Bildung eines Substantivs aus einer anderen Wortart, vor allem aus Verben oder Adjektiven. Während sie in Liebesbriefen wahrscheinlich eher ernüchternd wirkt, ist sie in wissenschaftlichen Texten willkommen, weil sie viel Information mit wenigen Worten transportiert. Durch Nominalisierungen können Sie ganze Nebensätze ersetzen und so Ihren Text straffen.

Beispiel
Die Fachkompetenz der Mitarbeiter wirkt sich darauf aus, wie Informationen verarbeitet werden.

Sie nominalisieren das Verb und damit den ganzen Nebensatz:

Beispiel
Die Fachkompetenz der Mitarbeiter wirkt sich auf die Informationsverarbeitung aus.

Sie können auch Adjektive nominalisieren.

Beispiel
Seine Leistungen weisen darauf hin, dass er außerordentlich belastbar ist.

> Seine Leistungen weisen auf seine außerordentliche Belastbarkeit hin.

Nominalisierungen sollten Sie immer dann einsetzen, wenn der Satz dadurch kürzer wird und das neu gebildete Substantiv allgemein üblich ist. Kunstwörter wie „Nettheit" oder „Überspringung" irritieren dagegen eher.

5. Nutzen Sie das Passiv!

Passiv gilt in Ratgebern zum besseren Stil als steif und unschön. In wissenschaftlichen Texten aber brauchen Sie das Passiv gerade, um Vorgänge darzustellen, bei denen der Akteur keine Rolle spielt. Formulieren Sie in solchen Fällen also Vorgänge oder Ergebnisse im Passiv.

Sie beschreiben ein Verfahren.

> **Beispiel**
> Die Häufigkeitsverteilung wurde nach vier Kriterien ermittelt.

Sie benennen ein Ergebnis.

> **Beispiel**
> Alle Teilnehmer der Studie wurden durch die Arbeit vor Ort zu weiterer Mitarbeit motiviert.

8.4 Wann benutzt man Fachsprache?

Es zeugt nicht von Wissenschaftlichkeit, wenn Sie Ihren Text mit Fremdwörtern spicken. Sie sollten allerdings die Fachbegriffe Ihrer Wissenschaft einsetzen, denn sie benennen oft komplizierte Sachverhalte knapp und präzise. Fragen Sie sich also: Welche Fachbegriffe gibt es in unserem Fach und in meinem Themenbereich und was bedeuten sie? Arbeiten Sie dann mit diesen Begriffen.

Keine Angst vor Wiederholungen!

Es macht nichts, wenn Sie einen Fachbegriff öfter wiederholen. Wenn es der treffende Begriff ist, dürfen Sie ihn so oft benutzen wie nötig.

Definieren Sie Ihre Begriffe!

Wenn ein Begriff in Ihrem Fach nicht geläufig ist oder wenn er in unterschiedlichen Bedeutungen gebraucht wird, müssen Sie ihn definieren. Am besten suchen Sie sich eine Definition aus der Forschung, zitieren sie wörtlich und geben in Klammern die Quelle an.

Beispiel
Den Begriff „Inklusion" verwende ich im Folgenden im Sinne von Talcott Parsons als „die Einbeziehung bislang ausgeschlossener Akteure in Subsysteme".
Oder:
Unter „Inklusion" verstehe ich in Anlehnung an Talcott Parsons „die Einbeziehung bislang ausgeschlossener Akteure in Subsysteme".

In beiden Beispielen müssten Sie das Zitat in Klammern oder in einer Fußnote nachweisen. Sobald Sie den Begriff definiert haben, müssen Sie nur noch darauf achten, dass Sie ihn auch durchgängig in der angegebenen Bedeutung verwenden.

TIPP
Eingeführte englische Begriffe wie „Change Management", „Sales Promotion" oder „Close- up" müssen Sie nicht übersetzen, sondern können sie als Fachbegriffe verwenden.

Legen Sie sich schon früh im Studium eine Liste der in Ihrem Fach üblichen Fachtermini an, am besten mit Definition, um sie beim Schreiben jederzeit parat zu haben.

Benutzen Sie Abkürzungen!

Längere Begriffe oder Bezeichnungen, die Sie häufig benutzen, können Sie abkürzen. Benutzen Sie jedoch am Satzanfang keine Abkürzung!

Geläufige Abkürzungen wie EU, NGO oder WHO müssen Sie nicht erklären. Wenn aber eine Abkürzung nicht allgemein gebräuchlich ist, benutzen Sie den Begriff zunächst in der ausgeschriebenen Form und geben Sie in Klammern die von da an geltende Abkürzung an, z.B. „Design-Based Research (DBR) kann als nutzungsorientierter Forschungsansatz gelten."

Dieselbe Regel gilt auch für Abkürzungen wissenschaftlicher Zeitschriften.

Wenn Sie zahlreiche erklärungsbedürftige Abkürzungen verwenden, brauchen Sie ein Abkürzungsverzeichnis, das je nach Fachgebiet dem Inhaltsverzeichnis bzw. gegebenenfalls dem Abbildungs- und Tabellenverzeichnis oder am Ende der Arbeit dem Literaturverzeichnis folgt. In einer ersten Hausarbeit sind solche Verzeichnisse aber selten.

8.5 Welche Formulierungen sollte man vermeiden?

Einige unglückliche Formulierungen schleichen sich in fast alle wissenschaftlichen Arbeiten ein. Wenn man sie kennt, kann man sie vermeiden oder nachträglich ausmerzen.

Vermeiden Sie Füllwörter und Füllsätze!

Füllwörter und Füllsätze gehören zu unserer Umgangssprache und werden sich deshalb sicherlich in der Rohfassung Ihrer Hausarbeit häufig finden. Manchmal ist es sogar einfacher, erst einmal draufloszuschreiben, damit zunächst ein Basistext entsteht, den Sie anschließend überarbeiten können. In der Überarbeitung löschen Sie dann die meisten Füllwörter und Füllsätze und ersetzen sie durch genaue Informationen.

Füllwörter

Füllwörter blähen unsere Texte unnötig auf, ohne eine präzise Bedeutung zu transportieren. Sie umschreiben die Aussage oft nur vage und zeugen nicht selten von der Unsicherheit des Schreibers.

Beispiel
Wir beobachten hier eigentlich eine ziemlich neue Form der Kommunikation, die sich gewissermaßen von der Kommunikation der Elterngeneration irgendwie unterscheidet.

Präziser formulieren Sie:

Beispiel
Wir beobachten hier eine neue Form der Kommunikation, die sich durch syntaktische Kurzformen, einfache Wort-

wahl, Kürzel und Tilgungen deutlich von der elaborierten Kommunikation der Elterngeneration unterscheidet.

Füllsätze

In einer wissenschaftlichen Arbeit ist es üblich, jedes Kapitel mit einer Vorankündigung zu beginnen. Achten Sie dabei darauf, dass Ihre Ankündigungen keine leeren Floskeln sind, sondern inhaltliche Aussagen treffen.

Beispiel
Im Folgenden wird es darum gehen zu zeigen, welche Bedeutung Ein-Euro-Jobs in den letzten Jahren für die wirtschaftliche Entwicklung hatten.

Präziser formulieren Sie:

Beispiel
Im Folgenden wird gezeigt, dass Ein-Euro-Jobs in den letzten Jahren keine belebende Wirkung auf den Arbeitsmarkt hatten, weil durch sie keine dauerhaften Arbeitsplätze geschaffen werden konnten.

Streichen Sie Modewörter!

Manchen Modewörtern begegnet man in studentischen Arbeiten immer wieder, vermutlich weil sie auch in der Forschung Konjunktur haben. Dazu gehören Wörter wie „kreativ", „postmodern", „innovativ", „effektiv", „Diskurs", „Stellenwert". Nicht jede Unterhaltung ist schon gleich ein Diskurs, nicht jede Neuerung ist innovativ, nicht jeder Traditionsbruch ist postmodern.

Wenn Sie sich darüber im Klaren sind, was ein Begriff genau bedeutet, können Sie ihn selbstverständlich einsetzen, wenn

Sie eine bestimmte Nuance genau bezeichnen wollen. Ansonsten verzichten Sie lieber auf solche Modewörter.

Vermeiden Sie doppelte Verneinungen!

Häufig steht in studentischen Texten nach einem verneinenden Verb noch einmal ein „nicht". Diese doppelte Verneinung ist in vielen Dialekten verbreitet, in wissenschaftlichen Texten aber fehl am Platz.

> **Beispiel**
> Falsch ist:
> Sie verhinderte, dass der Versuch nicht durchgeführt wurde.
> Es muss heißen:
> Sie verhinderte, dass der Versuch durchgeführt wurde.

Ähnliche verneinende Verben sind z.B. vermeiden, leugnen, verneinen, bestreiten, abraten, verbieten.

Vermeiden Sie den doppelten Genitiv!

Sehr häufig wird nach Eigennamen der Genitiv doppelt gesetzt. Das ist falsch.

> **Beispiel**
> Falsch ist:
> Die Entlassung Trumps Berater wurde kontrovers diskutiert.
> Es muss heißen:
> Die Entlassung von Trumps Berater wurde kontrovers diskutiert.

Wählen Sie den richtigen Kasus!

Bei Appositionen (nachgestellten erläuternden Zusätzen) muss das beigefügte Substantiv im selben Fall stehen wie das Bezugswort.

Beispiel
Die Werke dieses Schriftstellers, des Nobelpreisträgers (nicht: der Nobelpreisträger) von 2017, wurden in zahlreiche Sprachen übersetzt.
Oder:
Sie interessiert sich für fremde Kulturen wie den Karneval (nicht: der Karneval) in Rio.

Packen Sie Ihre Aussagen aus!

Es gilt noch immer als besonders wissenschaftlich, wenn ein Text möglichst undurchsichtig und kompliziert ist. Deshalb packen viele Schreibende Ihre Aussagen mehrfach ein und der Leser muss sie dann erst mühsam auspacken.

Ersparen Sie Ihrem Leser diese Mühe! Reduzieren Sie Ihre Aussage auf das Wesentliche.

Eine mehrfach verpackte Aussage klingt so:

Beispiel
Wenn man die Frage prüft, warum die überwiegende Mehrheit der Bevölkerung, obwohl dies nicht zu erwarten war, dazu neigt, Verbrechen weniger nach den Absichten, die ihre Urheber hegen, zu beurteilen als nach den Resultaten solcher Handlungen, auf welche sich die Kritik richtet, so ist man geneigt anzunehmen, dass die Beurteilung von Tathandlungen sich in erster Linie an den Konsequenzen von Straftaten orientiert.

Die ausgepackte Aussage konzentriert sich auf das Wesentliche.

> **Beispiel**
> Die meisten Menschen beurteilen Strafhandlungen wider Erwarten eher nach ihren Resultaten und Konsequenzen als nach den Absichten der Täter.

8.6 Wann verwendet man den Konjunktiv?

Früher wurde jedes indirekte Zitat in den Konjunktiv (Möglichkeitsform) gesetzt. Heute verwendet man überwiegend den Indikativ (Wirklichkeitsform), weil sich längere Textpassagen im Konjunktiv mühsam lesen. Bei kurzen indirekten Zitaten können Sie allerdings durchaus noch den Konjunktiv verwenden.

> **Beispiel**
> Christian Delacampagne behauptet in seiner „Geschichte des Rassismus", dass Rassismus eine von unseren Gefühlen unabhängige Geisteshaltung sei.

Wählen Sie bei längeren Zitaten den Indikativ!

Längere indirekte Zitate lesen sich im Indikativ flüssiger. Achten Sie darauf, dass Sie an jeder Stelle deutlich machen, auf welche Quelle Sie sich berufen.

> **Beispiel**
> Nach Christian Delacampagne ist Rassismus eine von unseren Gefühlen unabhängige Geisteshaltung. Dabei unterscheidet er zwischen Rassismus und Fremdenfeindlichkeit. Fremdenfeindlichkeit definiert er als Hass auf eine Person,

> die eine fremde Sprache spricht, einer fremden Kultur angehört und/oder eine fremde Staatsangehörigkeit besitzt. Rassismus dagegen ist für ihn der Hass auf eine Person einer angeblich fremden Rasse.

Bei beiden Beispielen würden Sie in Klammern die Quelle angeben.

Wenn Sie ein Forschungsergebnis nur kurz referieren, kann der einleitende Hinweis entfallen. Fassen Sie stattdessen die Ergebnisse zusammen und nennen Sie anschließend in Klammern oder in der Fußnote den Autor.

> **Beispiel**
> Im Spätmittelalter wurden Juden immer wieder des Ritualmordes beschuldigt und auf dem Scheiterhaufen verbrannt (Chr. Delacampagne, Rassismus, 2005, S. 78).

8.7 Welche Zeitform wähle ich wann?

In Ihren Hausarbeiten schreiben Sie in der Regel im Präsens, wenn Sie Texte oder Quellen interpretieren, Untersuchungen vorstellen oder Ergebnisse diskutieren. Wenn Sie allerdings vergangene Entwicklungen, Tatbestände, Vorgänge beschreiben, müssen Sie das Präteritum wählen.

> **Beispiel**
> Emotionale Intelligenz <u>ist</u> ein zentraler Faktor im Kompetenzprofil von Führungskräften. Querschnittstudien in Deutschland, England und Schweden <u>haben gezeigt</u>, dass Führungskräfte, die ihre emotionale Intelligenz <u>schulen</u>, besser in der Lage <u>sind</u>, ihre Mitarbeiter intrinsisch zu motivieren.

Wenn Sie eigene Untersuchungen beschreiben, wählen Sie ebenfalls das Präteritum.

> **Beispiel**
> In einer Unterrichtsreihe zum Thema „Historische Straßennamen in Köln" unternahm ich mit der fünften Klasse einer Gesamtschule eine Exkursion rund um den Heumarkt. Die Aufgabe der Schüler und Schülerinnen bestand darin, echt „Kölsche" Namen aufzufinden und ihre Bedeutung zu klären.

8.8 Darf man in Hausarbeiten „ich" schreiben?

Früher war es verpönt, in einem wissenschaftlichen Text „ich" zu schreiben. Heute ist es in gewissen Fällen zulässig. Die einzelnen Wissenschaften/Wissenschaftler handhaben den Gebrauch ganz unterschiedlich, so dass es am sichersten ist, wenn Sie bei Ihrer Dozentin nachfragen.

„Ich" ist in der Regel zulässig, wenn Sie Ihren Standpunkt erklären. Das bedeutet allerdings nicht, dass Sie nur Ihre subjektive Meinung artikulieren, sondern dass Sie begründet Position beziehen.

„Ich" können Sie auch schreiben, wenn Sie die Wahl Ihres Themas begründen und dabei Ihre Motivation erläutern. Außerdem können Sie die Ich-Form wählen, wenn Sie Experimente, Beobachtungen, Erhebungen beschreiben, die Sie selber durchgeführt haben. Ergebnisse formulieren Sie dagegen immer unpersönlich: im Passiv, mit „man" oder indem Sie die Vorgänge für sich sprechen lassen.

Beispiel
Im Rahmen einer Unterrichtsreihe habe ich in einer zehnten Gymnasialklasse eine Einheit zur Entführung Hanns Martin Schleyers 1977 konzipiert. Dabei habe ich bewusst einen außerschulischen Lernort gewählt, um die Schüler und Schülerinnen mit den historischen Orten zu konfrontieren. Unsere Exkursion führte zum Mahnmal für die Opfer in Köln-Braunsfeld, in unmittelbarer Nähe des Tatorts. Die Begegnung mit dem konkreten Ort löste unter den Schülern und Schülerinnen eine gegenwartsbezogene Diskussion aus, die für die Entwicklung eines kritischen Geschichtsbewusstseins von zentraler Bedeutung ist. Aus dieser Erfahrung lässt sich schließen, dass außerschulische Lernorte einen besonderen Lernzuwachs ermöglichen.

Im Zweifelsfall sind Sie mit der unpersönlichen Formulierung immer auf der sicheren Seite!

8.9 Wie formuliere ich genderneutral?

Es sind verschiedene Varianten einer genderneutralen Ausdrucksweise in Gebrauch: Den Regeln der deutschen Rechtschreibung entsprechen die meisten nicht. Formal korrekt ist lediglich die Version: „der/die Lehrer/-innen“, oder „Lehrer und Lehrerinnen“, „des Lehrers/der Lehrerin“. Alle anderen Versionen wie LehrerInnen, Lehrer_innen oder Lehrer*innen können Sie zwar in Absprache mit Ihren Dozenten/Dozentinnen verwenden, sie sind aber in wissenschaftlichen Texten unüblich und nach derzeit geltenden Rechtschreibregeln nicht zulässig. Außerdem gibt es bei diesen Formen keine passende Formulierung im Genitiv Singular.

8.10 Wie finde ich Überschriften?

Kapitelüberschriften sollen entweder benennen, welche Frage ein Kapitel beantwortet oder ein Ergebnis andeuten. Es ist üblich, Überschriften nominal zu formulieren, also mit Hilfe von Substantiven. Dabei sollte jede Überschrift klar formuliert und schnell verständlich sein.

Bei dem Thema „Festivals und Stadtmarketing" heißt ein Kapitel „Ziele und Akteure im Stadtmarketing". Der Leser weiß also, dass in diesem Kapitel die Frage nach den Beteiligten, ihrer Rolle und ihren Zielvorstellungen beantwortet wird.

Wenn Sie stattdessen in Ihrer Überschrift ein Ergebnis andeuten wollen, könnten Sie formulieren: „Festivals als Instrument der Profilbildung". Die Leserin erfährt also in diesem Kapitel, inwiefern Festivals dazu beitragen, einer Stadt ein unverwechselbares Profil zu geben.

Testen Sie in jedem Fall, ob Ihre Überschrift auch ohne weitere Erklärungen verständlich ist. Nur dann bringt sie das Wesentliche auf den Punkt.

8.11 Wie schreibe ich leserorientiert?

Versetzen Sie sich in die Rolle Ihrer Leserinnen und notieren Sie alles, was Sie selber vor der Beschäftigung mit Ihrem Thema nicht gewusst hätten. Überlegen Sie, welche Hintergrundinformationen Ihr Leser braucht, um Ihrem Text zu folgen und arbeiten Sie diese Informationen in wenigen Sätzen in Ihre Argumentation ein.

Führen Sie Ihre Leser durch Vorankündigungen, Überleitungen und Zusammenfassungen durch den Text (vgl. Kap. 4.4).

Sorgen Sie dafür, dass Ihre Leserin in jedem Abschnitt den wichtigsten Satz sofort identifizieren kann (vgl. Kap. 8.3).

Geben Sie auf eine klar umrissene Frage eine präzise Antwort (vgl. Kap 5.1).

Nutzen Sie Übersichten, Grafiken, Schemata, um Sachverhalte zu verdeutlichen. Erklären Sie jede Abbildung in einem begleitenden Text (vgl. Kap. 9.3).

Verdeutlichen Sie Ihre Argumentation mit Beispielen, um das Verständnis des Lesers zu stärken (vgl. Kap. 5.1).

Lesen Sie sich Ihren Text laut vor!

Beim lauten Lesen Ihres Textes merken Sie meistens selber sofort, wenn ein Satz sehr kompliziert oder zu lang ist.

9. Welches Layout soll die Arbeit haben?

9.1 Wie ist die Arbeit aufgebaut?

Jede wissenschaftliche Arbeit enthält ein Deckblatt, ein Inhaltsverzeichnis, gegebenenfalls Vorverzeichnisse, den Textteil und, wenn verlangt, eine Selbstständigkeitserklärung.

Entwerfen Sie das Deckblatt!

Das Deckblatt enthält in der Regel folgende Angaben:
Name der Universität + Fachbereich
Seminarart + Seminarthema
Dozent/Dozentin
Semester
Titel der Hausarbeit
Name des Studierenden
Matrikelnummer + Semesterzahl
Adresse + E-Mail

Natürlich können Sie das Deckblatt grafisch unterschiedlich gestalten. Das folgende Beispiel bildet nur eine von vielen Möglichkeiten ab.

Universität zu Köln
Institut für Soziologie und Sozialpsychologie
Proseminar: Randgruppen und Mehrheitsgesellschaft
Dr. Valentin Überall
WS 2019/20

Tattoos in Deutschland: Akzeptanz oder Exklusion?

Max Mauser
Matrikelnummer 1234567
2. Semester
Unter fetten Hennen 18
50973 Köln
Max.Mauser@web.de

Abb. 30: Deckblatt einer Hausarbeit

Bauen Sie das Inhaltsverzeichnis!

Das Inhaltsverzeichnis listet alle Bestandteile der Arbeit auf: neben den Textteilen mit Einleitung, Hauptteil und Schluss also auch eventuelle Vorverzeichnisse wie Abbildungs-, Abkürzungs- und Symbolverzeichnis mit römischen Ziffern sowie ein Literaturverzeichnis, eventuell einen Anhang.

Inhaltsverzeichnis

Abkürzungeverzeichnis III

Abbildungsverzeichnis IV

1. Einleitung 1
2. Mode der 60er Jahre 2
3. Verbreitung des Minirocks 5
4. Politisch-gesellschaftliche Einflussfaktoren 8
5. Leitbilder 11
6. Schluss 12

Anhang 13

Literaturverzeichnis 15

Abb. 31: Inhaltsverzeichnis mit Vorverzeichnissen

Abbildungs-, Abkürzung- und Symbolsverzeichnisse sind in ersten Hausarbeiten wegen des geringen Umfangs selten. Allerdings gelten in den verschiedenen Fächern auch hier unterschiedliche Regelungen. So werden in den Wirtschaftswissenschaften diese Verzeichnisse häufig auch in kurzen Hausarbeiten erwartet. Diese Vorverzeichnisse werden mit römischen Ziffern belegt, so dass die Seitenzählung mit arabischen Ziffern erst mit S. 1 der Einleitung beginnt und dann bis zum Ende der Arbeit fortgeführt wird.

In geistes- und sozialwissenschaftlichen Arbeiten erscheinen diese Verzeichnisse häufig im Anschluss an das Literaturver-

Inhaltsverzeichnis

Abb. 32: Inhaltsverzeichnis ohne Vorverzeichnisse

zeichnis, gegebenenfalls vor dem Anhang, und werden entsprechend mit arabischen Zahlen weiter gezählt. Aber in kurzen Arbeiten sind sie auch hier selten.

Den **Textteil** strukturieren Sie, wie in Kap. 4.4 ausführlich dargestellt, mit Hilfe arabischer und gegebenenfalls römischer Ziffern und führen Unterpunkte bis zur 3. Gliederungsebene ein. In Arbeiten ohne Vorverzeichnisse beginnt die Seitenzählung mit dem Deckblatt, das allerdings, ebenso wie das Inhaltsverzeichnis, zwar mitgezählt, aber nicht nummeriert wird. Deshalb trägt die erste Seite der Einleitung hier als erste nummerierte Seite in der Regel bereits die Ziffer 3.

Das **Literaturverzeichnis** folgt dem Textteil und enthält alphabetisch geordnet sämtliche bibliographischen Angaben in vollständiger Form (vgl. Kap. 3).

Ein **Anhang** ist dann sinnvoll, wenn Sie z.B. ergänzendes Bildmaterial oder detaillierte Tabellen und Grafiken einbringen möchten, die aber den Lesefluss stören würden. Anhang und Literaturverzeichnis schließen unmittelbar an den Text an, so dass die Seitenzählung weiterläuft.

Eine **Selbstständigkeitserklärung** brauchen Sie nur, wenn die Lehrenden sie verlangen. Sie hat in der Regel folgenden Wortlaut:

„Hiermit versichere ich, dass ich diese Hausarbeit selbstständig verfasst und keine anderen als die angegebenen Quellen und Hilfsmittel benutzt habe. Die Stellen meiner Arbeit, die dem Wortlaut oder dem Sinn nach anderen Werken und Quellen, einschließlich der Quellen aus dem Internet, entnommen sind, habe ich in jedem Fall unter Angabe der Quelle als Entlehnung kenntlich gemacht. Dasselbe gilt sinngemäß für Tabellen, Karten und Abbildungen."

Diese Erklärung wird datiert und unterschrieben. Da sie nicht als Teil der Arbeit gilt, trägt sie keine Seitenzahl, sondern wird der Arbeit einfach als letzte Seite angehängt.

9.2 Wie sieht das Seitenlayout aus?

Wenn nicht anders vorgegeben, wählen Sie folgendes Layout:

Seitenrand: Die Blätter (DIN A 4) werden einseitig bedruckt. Lassen Sie oben und unten je 2 cm, links 3 cm Rand für das Zusammenfügen der Blätter, rechts 4 bis 5 cm für Anmerkungen/Korrekturen.

Seitenzählung: Aktivieren Sie die automatische Seitenzählung. Am besten setzen Sie die Ziffern oben oder unten rechts auf die Seite. Das Deckblatt wird als Seite 1 gezählt, das Inhaltsverzeichnis als Seite 2, die erste Ziffer erscheint allerdings erst mit Beginn des Fließtextes, also meistens mit Seite 3.

Wenn Sie auch in Ihrem Fließtext Zahlen verwenden, denken Sie daran, dass die alte Regel, Zahlen bis 12 in Buchstaben zu schreiben, nicht mehr gilt. Sie können also je nach Kontext entscheiden, ob Sie Ziffern wählen oder die Zahl ausschreiben. In manchen Fällen, wie z.B. bei Abkürzungen, sind Ziffern selbstverständlich: „4 km", „10 €". Aber auch wenn Sie etwa die Aufmerksamkeit besonders auf die Zahlen lenken wollen, empfehlen sich Ziffern: „In der ganzen 10. Klasse kannten nur 2 Schüler den Unterschied zwischen Dur und Moll." Dagegen schreibt man in beschreibenden Kontexten die Zahlen eher aus: „Die Demonstranten verteilten mehrere hundert Flugblätter."

Schrift: Wählen Sie wegen der besseren Lesbarkeit eine Schrift mit Serifen (kleine Striche, die einen Buchstaben abschließen), z.B. Times New Roman oder Garamond, Größe: 12 Punkt im Fließtext, für abgesetzte Zitate wahlweise auch 10 Punkt. Zum Formatieren von Zitaten und Fußnoten vgl. im übrigen Kap. 3.10.

Der Fließtext wird 1,5-zeilig geschrieben, der Text im Blocksatz gesetzt und die automatische Silbentrennung aktiviert. Absätze werden um 4 mm eingerückt oder ohne Einrücken durch eine Leerzeile voneinander getrennt. Kapitelüberschriften können Sie „fett" drucken, wahlweise auch in 14 Punkt, und anschließend eine Leerzeile einfügen. Hervorhebungen werden in der Regel kursiv markiert, Unterstreichungen sind nicht mehr üblich.

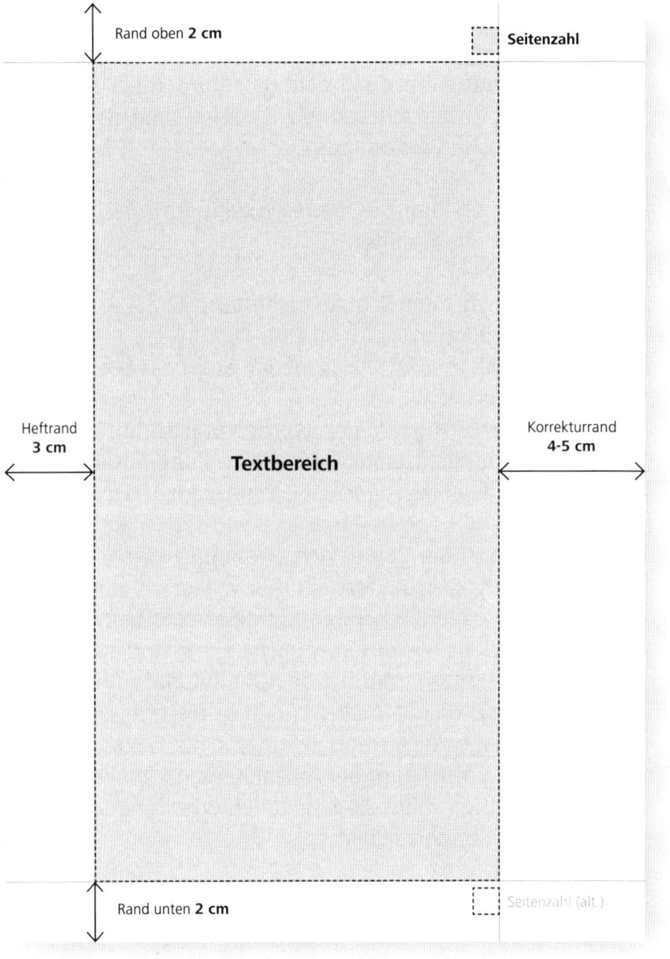

Abb. 33: Seitenlayout

Einband: Wenn kein spezieller Einband vorgeschrieben ist, geben Sie Ihre Arbeit in einem Klemmordner oder gelocht in einem Schnellhefter mit durchsichtigem Vorderdeckel ab (Vorgaben des Instituts beachten!). Manche Lehrende bevorzugen eine elektronische Version (pdf.).

Extras: Einige Details, die immer wieder zu Unsicherheiten führen, sollten Sie beachten:

- Vor und nach dem Schrägstrich steht kein Leerzeichen: „Student/Studentin"
- zwischen Zahlen und Maßangaben steht ein Leerzeichen: „4 km"
- mehr als dreiziffrige Zahlen werden von rechts in Dreierschritten mit einem Punkt versehen: „In dem betroffenen Binnengewässer wurden 3.450 verschiedene Einzeller gezählt."
- Unterscheiden Sie Bindestrich (Trennungsstrich) und Gedankenstrich: Der Bindestrich - ist kürzer als der Gedankenstrich – , den Sie bei den meisten Word-Versionen erzeugen, indem Sie ein Leerzeichen vor und nach dem Bindestrich setzen; Word transformiert dann den Strich entsprechend (je nach Version gibt es auch unterschiedliche Shortcuts) oder Sie tippen Strg und das Minus im Nummernblock gleichzeitig. Bei Aufzählungen können Sie den Gedankenstrich ebenfalls verwenden oder Sie entscheiden sich für ein Sonderzeichen.

9.3 Wie baue ich Abbildungen ein?

Abbildungen wählen Sie meistens, um komplexe Sachverhalte übersichtlich darzustellen. Das bedeutet aber, dass Sie Ihrem Leser unbedingt erläutern müssen, was er im Einzelnen an den Abbildungen ablesen soll. Sie müssen also jede Abbildung in einem Fließtext für Ihren Leser interpretieren (zur formalen Gestaltung vgl. 3.11.5).

Setzen Sie Diagramme erst bei mehr als 4 Wertepaaren ein, ansonsten genügt die verbale Beschreibung. Welche Diagramme in Ihrer Wissenschaft am häufigsten verwendet werden, erfahren Sie in der Regel auf den Infoseiten Ihres Instituts.

Wenn Sie Fotos, Zeichnungen und Ähnliches einbauen, die Sie aus anderen Werken übernommen haben, geben Sie in jedem Fall die Quelle an.

9.4 Welche Computerfunktionen sollte ich nutzen?

Erstellen Sie vor Beginn Ihrer ersten Hausarbeit eine **Formatvorlage**, die Sie dann bei allen künftigen Arbeiten wiederverwenden können. Finden Sie auf den Hilfsseiten Ihres Schreibprogramms oder auf den Webseiten verschiedener Anbieter heraus, z.B. bei „chip.de", im „c't Magazin" oder auf You Tube, wie Sie diese Vorlage auf Ihrem Computer konfigurieren. Besonders hilfreich ist die automatische Erstellung des Inhaltsverzeichnisses und der Fußnoten.

Nutzen Sie auf jeden Fall auch den jeweiligen **Zwischenspeicher**, um wiederholt verwendete Textbausteine immer wieder einfügen zu können.

Drucken Sie sich auch die Hinweise auf alle zeitsparenden **Tastenkombinationen** (Shortcuts) aus und entscheiden Sie sich möglichst bereits bei der ersten Hausarbeit für ein **Lite-**

raturverwaltungsprogramm (vgl. Kap 3.3), in dem Sie den von Ihnen gewählten Zitierstil festlegen können.

10. Was ist ein Portfolio?

Ein Portfolio ist eine Zusammenstellung von Materialien, elektronisch (E-Portfolio) oder gedruckt, die entweder die Ergebnisse einer Auseinandersetzung mit einem Thema oder den Lernprozess in einem bestimmten Themen- oder Kompetenzbereich dokumentiert. Entsprechend liegt der Akzent entweder auf der Präsentation erarbeiteter Ergebnisse oder auf der Reflexion des eigenen Lernfortschritts.

1. Wählen Sie ein Thema!

Legen Sie in Absprache mit den Lehrenden einen Schwerpunkt für Ihre Arbeit fest. Meistens wählen Sie Ihren Schwerpunkt in Anlehnung an eine Veranstaltung. Klären Sie auch, welche Art von Materialien/Dokumenten Sie aufnehmen sollen/können.

Sowohl beim so genannten „Produktportfolio" als auch beim „Prozessportfolio" können Sie von einer Frage ausgehen, die Sie beantworten wollen. Ihr Portfolio führt dann entweder die Antwort mit entsprechenden Begründungen vor oder demonstriert, wie Sie zu einer Antwort gelangt sind.

Produktportfolio

Wenn Sie sich beispielsweise mit Gunter Demnigs Stolpersteinen beschäftigen, die zur Erinnerung an deportierte jüdische Mitbürger im „Dritten Reich" gesetzt werden, könnte Ihr Thema lauten „Gunter Demnigs Stolpersteine: Entstehung – Kritik – Wirkung" und Ihr Entwurf folgendermaßen aussehen:

Beispiel
Zentrale Frage: Was bewirken die Stolpersteine in der Gesellschaft?
Unterfragen:
- Wie entstand die Idee der Stolpersteine?
- Wie wurde sie umgesetzt?
- Welche kontroversen Positionen vertreten verschiedene Interessengruppen?
- Wie reagiert die Bevölkerung?

Prozessportfolio

Wenn Sie sich z.B. für Online-Sprachkurse interessieren, könnten Sie Ihr Portfolio folgendermaßen aufbauen:

Beispiel
„Sprachen lernen online"
Zentrale Frage: Welche Vor- und Nachteile hat das Sprachenlernen mit Onlinekursen?
Unterfragen:
- An welche User richten sich solche Sprachkurse?
- Wie sind sie aufgebaut?
- Welches Niveau erreicht man damit?
- Welche Vorteile hat das Onlinelernen?
- Über welche Nachteile klagen User?
- Welche Erfahrungen haben unterschiedliche Usergruppen mit Onlinelernen gemacht?
- Was ließe sich verbessern?

Bei diesem Thema könnten Sie auch selber versuchen, eine Sprache online zu lernen, und Ihre Erfahrungen entsprechend protokollieren.

2. Sammeln Sie Material!

Tragen Sie zunächst *alle* Informationen zusammen, die mit Ihrem Thema zusammenhängen: Zeitungsnotizen, Essays, Bilder, Videos, Interviews, Handouts, Protokolle, Mindmaps. Sammeln Sie auch alle Fragen, die bei der Recherche auftauchen. Führen Sie ein Arbeitsjournal, in dem Sie alle Materialien zusammenstellen, datieren und kommentieren.

3. Knüpfen Sie den roten Faden!

Nehmen wir den Fall, dass Sie ein Prozessportfolio erstellen sollen. Wählen Sie aus Ihrem Material aus, was sich für die Darstellung Ihres Lernprozesses am besten eignet. Überlegen Sie, welchen Schritt Sie mit welchem Dokument illustrieren wollen. Und entwerfen Sie für sich eine Skizze, die den Zusammenhang der einzelnen Schritte deutlich macht.

4. Gliedern Sie Ihr Portfolio!

1. Deckblatt und Inhaltsverzeichnis
Beide orientieren sich an den Vorgaben für Hausarbeiten. Auch die Formatvorgaben sind dieselben.

2. Einleitung
Nennen Sie hier Ihren Schwerpunkt und begründen Sie ihn. Zeigen und erläutern Sie außerdem die Auswahl und Anordnung Ihrer Materialien.

3. Hauptteil
Richten Sie einzelne Unterpunkte für unterschiedliche Materialien ein.

4. Fazit
Fassen Sie Ihre Erkenntnisse zusammen und ordnen Sie diese in das übergreifende Seminarthema ein. Zusätzlich können Sie noch offene Fragen auflisten.

5. Literaturverzeichnis
Alle genannten Quellen und Forschungstexte müssen aufgeführt werden.

5. Erläutern Sie jeden Schritt!

Nachdem Sie die Grobstruktur Ihres Textes in einer Gliederung entworfen haben, beginnen Sie, den Text zu schreiben, der alle Materialien verbindet und kommentiert: Wie hängen die einzelnen Schritte miteinander zusammen? Wie führen sie zum Ziel, d.h. zur Antwort auf Ihre am Anfang formulierte Frage?

Kommentieren Sie jedes einzelne Material. Lassen Sie sich dabei von folgenden Fragen leiten:

- Warum habe ich es ausgewählt?
- Welchen Beitrag leistet es zur Klärung der zentralen Frage?
- Was habe ich daran gelernt?
- Was genau hat sich in meinem Lernprozess dadurch verändert?
- Welche Fragen habe ich an das Material gestellt?
- Welche Fragen beantwortet es nicht?

Unterscheiden Sie immer deutlich zwischen fremdem Material und eigenen Gedanken.

6. Reflektieren Sie Ihren Lernprozess!

Den eigenen Lernfortschritt zu reflektieren, ist die anspruchsvollste Aufgabe des Portfolios.

Fragen Sie sich zunächst:
- Wie war mein Wissenstand am Anfang?
- Warum hat mich dieses Thema interessiert?
- Was wollte ich wissen?
- Was hat mich überzeugt?
- Wo hatte ich Zweifel?
- Welche Arbeitsschritte waren aus meiner Sicht erfolgreich, welche nicht?
- Was waren meine Highlights in diesem Lernprozess?
- Wie sehe ich das Thema heute?
- Was würde ich gerne noch herausfinden?
- Was könnte der nächste Schritt sein?

Sie können die Fragen, die Ihren Kompetenzzuwachs betreffen, auch noch spezifizieren:

- Welche Sachkompetenz habe ich erworben?
  Diese Frage nach der Sachkompetenz meint Ihren Wissenszuwachs, Ihre Fähigkeit, Probleme zu erkennen und zu beschreiben.

- Welche Methodenkompetenz habe ich gewonnen?
  Die Methodenkompetenz betrifft Ihren kritischen Umgang mit Texten, Quellen, Bildern etc.

- Welche Urteilskompetenz habe ich erreicht?
  Durch größeres Wissen und kritische Einschätzung erweitern Sie Ihre Urteilsfähigkeit, so dass Sie begründet einen eigenen Standpunkt vertreten können.

- Welche erweiterte Handlungskompetenz ergibt sich daraus?
  Dieser unterschiedliche Kompetenzzuwachs kann dazu führen, dass sich Ihr Handeln künftig verändert: Sie beobachten genauer, Sie hinterfragen intensiver, Sie können Phänomene miteinander in Beziehung setzen, Sie entwickeln vielleicht einen neuen Zugang zu Ihrem Thema oder wenden sich einem neuen Projekt zu.

Beantworten Sie alle hier aufgeführten Fragen schriftlich und bauen Sie dann Ihre Antworten in die Beschreibung Ihres Lernprozesses ein.

7. Arbeiten Sie Quellen und Forschungsliteratur ein!

Obwohl das Portfolio eine subjektive Textart ist, in der Sie Ihren Erkenntnisprozess reflektieren und entsprechend auch als „ich“ auftreten, müssen Sie dennoch Ihre Quellen belegen und Ihre aus der Forschung gewonnenen Einsichten korrekt nachweisen. Orientieren Sie sich dabei an den Vorgaben für Hausarbeiten.

11. Wie schreibe ich ein wissenschaftliches Protokoll?

Ein wissenschaftliches Protokoll soll einem Leser, der die Seminarsitzung oder Vorlesung verpasst hat, das dargebotene Wissen samt allen Zusatzinformationen strukturiert vermitteln. Zugleich dient es den Seminarteilnehmern und der Schreiberin selber dazu, sich die Inhalte zu vergegenwärtigen, um von hier aus in die weitere Diskussion einzusteigen oder um sich auf diese Weise die Inhalte besser einzuprägen.

Nehmen wir als Beispiel das Protokoll einer Seminarsitzung. Am besten eignet sich dafür eine Kombination aus Verlaufsprotokoll und Ergebnisprotokoll. Dokumentieren Sie einerseits die Seminardiskussion, halten Sie andererseits aber auch die Ergebnisse, gegebenenfalls Entscheidungen, Aufgabenstellungen und weitere Planungen fest.

Notieren Sie die Rahmendaten!

Halten Sie zu Beginn der Seminarsitzung fest: Hochschule, Thema des Seminars, Thema der Sitzung, Lehrender, Semester, Protokollant, Datum. Diese Informationen brauchen Sie für den „Kopf" des Protokolls.

Schreiben Sie die wichtigsten Inhalte in Stichworten mit!

Zeichnen Sie nun den Verlauf der Seminarsitzung in konzentrierter Form nach, indem Sie die Themen, die besonders ausführlich behandelt wurden, detaillierter mitschreiben als diejenigen Aspekte, die nur nebenbei erwähnt wurden. Achten Sie dabei auf Signale, die den Zusammenhang der Themen

Universität zu Köln
Seminar: A Star is born. Das Phänomen Madonna
Thema: Madonnas Selbststilisierung
Prof. M. Kuhl
WS 2018/19
Protokollantin: Lina Müller
Datum: 12.01.2019

Abb. 34: Kopfzeilen eines Protokolls

erläutern. Besonders am Übergang von einem Thema zum nächsten verdeutlichen die Dozenten gern noch einmal den roten Faden der Sitzung.

Notieren Sie gegebenenfalls auch gliedernde Überschriften, ausformulierte Fragen, wiederkehrende Schlagworte, wichtige Begriffe, Zitate mit Quellenangabe, Daten und Zahlen.

Bilden Sie Sinnabschnitte!

Überlegen Sie jetzt, in welche Abschnitte sich Verlauf und Ergebnisse gliedern lassen. Meistens entwickeln Sie Ihr Protokoll nämlich nicht entlang des chronologischen Verlaufs der Diskussion, sondern in Sinneinheiten. Finden Sie Überschriften für die einzelnen Gesichtspunkte, die angesprochen wurden, und bringen Sie die Aspekte in eine logische Reihenfolge. Stellen Sie sich vor, dass jeder Aspekt dazu beiträgt, die zentrale Frage der Seminarsitzung zu beantworten. Stellen Sie anschließend dar, welchen Beitrag die einzelnen Aspekte leisten. So machen Sie den roten Faden der Sitzung und Ihres

Protokolls sichtbar. Heben Sie Ihre Überschriften durch Fettdruck hervor, das erleichtert Ihren Lesern die schnelle Orientierung.

Skizzieren Sie eine Gliederung!

Sie erleichtern Ihren Leserinnen das Verständnis, wenn Sie eine knappe Gliederung voranstellen.

Nehmen wir an, Sie protokollieren eine Seminarsitzung über die Selbststilisierung der amerikanischen Sängerin Madonna.

Thema: „Madonnas Selbststilisierung"

I. Seminardiskussion
   1. Madonnas Symbole
   2. Das Logo „M"
   3. Konträre Rollenmuster

II. Literatur

III. Informationen

Abb. 35: Gliederung eines Protokolls

Im Punkt „Informationen" versammeln Sie Hinweise zu Aufgabenstellungen, Terminplanung, weiteren Abläufen etc.

Fragen Sie bei den Lehrenden nach, ob Sie Ihrem Protokoll auch Materialien wie Thesenblätter, Tafelbilder oder Textauszüge als Anhang beifügen sollen.

Entwerfen Sie den Fließtext!

Jetzt gehen Sie daran, Ihre Stichworte zu einem zusammenhängenden Text in ganzen Sätzen auszuformulieren. Der Text soll knapp zusammenfassend die erörterten Fragen/Themen nennen, die verschiedenen Positionen dazu charakterisieren und die Ergebnisse präzise referieren. Damit der Leser nachvollziehen kann, wie die Ergebnisse zustande gekommen sind, müssen Sie vor dem Schreiben Wichtiges von Unwichtigem trennen. Argumente, die entscheidend für das Ergebnis sind, werden auf den Punkt gebracht, Detailinformationen weggelassen. Achten Sie darauf, dass Sie auf keinen Fall den Gesprächsverlauf nacherzählen. Stattdessen stellen Sie verschiedene Positionen einander gegenüber und resümieren das Gesprächsergebnis.

Schreiben Sie neutral!

Das Protokoll referiert aus der Position eines neutralen Beobachters eine Seminarsitzung. Der Stil ist knapp und sachlich, der Text steht im Präsens. Sie selber treten in Ihrem Text nicht als „ich" hervor und sprechen keine Wertungen aus. Auch ist die Markierung der Redebeiträge im Einzelnen – „Prof. X erklärte …", „Lisa merkte an …" – überflüssig. Stattdessen geht es darum, Positionen herauszuarbeiten.

Beispiel

Madonna setzt zahlreiche Symbole unterschiedlicher Herkunft wie Herz, Stern, Kreuz, Tiere und Pflanzen ein und verbindet sie zu einer auf sie zugeschnittenen Bilderwelt. Kontrovers diskutiert wurde, ob diese Symbolisierungen von ihren Fans tatsächlich erkannt werden oder ob sie lediglich eine unbestimmte Aura des Bedeutsamen erzeugen. In jedem Fall verknüpft sich die Personenmarke *Ma-*

donna mit dem kulturellen Zeichenvorrat diverser Kulturen und wird dabei selber zum globalen Symbol.

Sammeln Sie offene Fragen!

Stellen Sie am Schluss Ihres Fließtextes die offengebliebenen Fragen als durchnummerierte Liste zusammen, um in der folgenden Sitzung einen raschen Wiedereinstieg zu ermöglichen.

Erstellen Sie ein Literaturverzeichnis!

Das Literaturverzeichnis umfasst alle in der Seminardiskussion erwähnten und/oder zitierten Texte und Quellen. Wenn die Seminarleitung oder die Referenten keine vollständigen Literaturangaben geliefert haben, müssen Sie diese nachtragen, damit das Literaturverzeichnis vollständig und korrekt ist.

Stellen Sie notwendige Informationen zusammen!

Wenn die Seminarleitung Aufgaben für die nächste Sitzung gestellt und/oder Arbeitsmaterialien ausgeteilt hat, bündeln Sie diese Informationen am Schluss.

Unterzeichnen Sie das Protokoll mit Datum und Unterschrift!

12. Wie schreibe ich einen Essay?

Ein Essay ist eine inhaltlich und stilistisch offene Form. Er reflektiert leserbezogen ein gewähltes Thema in kurzer klar verständlicher Form und bezieht eindeutig Stellung. Im Unterschied zur Seminararbeit ist er deutlich kürzer, kann ganz verschiedene Themen in unterschiedlicher Weise bearbeiten und unterliegt weniger formalen Vorgaben.

Sie können ein kontroverses Thema von verschiedenen Seiten beleuchten, ein Phänomen oder einen Gegenstand unter einer bestimmten Perspektive beschreiben oder eine These aufstellen und sie argumentativ begründen. Immer geht es um darum, den eigenen Standpunkt herauszuarbeiten und zu vertreten.

Wegen dieser Offenheit empfiehlt es sich, rechtzeitig mit dem Dozenten/der Dozentin Rücksprache zu nehmen und zu klären, ob Sie eher argumentativ, beschreibend oder reflektierend an Ihr Thema herangehen sollen.

Wählen Sie ein Thema!

Wenn Ihnen für Ihren Essay kein Thema vorgegeben wurde, prüfen Sie, welcher Aspekt der Seminardiskussion oder des gewählten Themenfeldes Sie anspricht: Vielleicht haben Sie gerade einen Zeitungsartikel zum Themenfeld gelesen, eine Diskussion im Fernsehen verfolgt, eine Bemerkung in einem Gespräch zufällig aufgeschnappt? Vielleicht beschäftigen Sie sich auch schon länger mit einer speziellen Thematik und haben jetzt Gelegenheit, Ihren Standpunkt darzustellen? Überlegen Sie, welche Aspekte Sie neugierig machen, welche Sie stören, welche Ihnen auffallen, welche Sie wichtig finden, welche Sie überraschen.

Betrachten wir hierzu ein Beispiel.

> **Beispiel**
> „Extremsport in der Werbung"
> Vielleicht verfolgen Sie schon seit einiger Zeit die öffentliche Diskussion über Extremsport in der Werbung. Immer wieder verunglücken Extremsportler, die von Sponsoren für Werbezwecke unterstützt und gefördert wurden, bei dem Versuch, eine besonders sensationelle Herausforderung zu meistern. In der Öffentlichkeit wird kontrovers diskutiert, ob ein solches Sponsoring als Förderung sportlicher Höchstleistungen anzusehen ist oder vielmehr als Ausbeutung von Sportlern, die sich ohne entsprechende finanzielle Unterstützung nicht auf derart lebensgefährliche Abenteuer einlassen würden.

Malen Sie ein Cluster!

Notieren Sie Ihre Einfälle in einem assoziativen Cluster. Fragen Sie zunächst nicht danach, ob diese Ideen brauchbar sind, sondern sammeln Sie so viele wie möglich. Sprechen Sie auch mit Freunden über Ihr Thema und nehmen Sie deren Einfälle in Ihre Sammlung auf.

Entwickeln Sie eine Frage/Hypothese!

Entscheiden Sie sich jetzt für einen Aspekt und überlegen Sie, welcher Frage Sie nachgehen wollen. Wie in einer Seminararbeit können Sie statt von einer Frage auch von einer Hypothese ausgehen und sie argumentativ belegen. Beschränken Sie sich aber auf *eine* Frage oder *eine* Hypothese.

Das Thema „Extremsport in der Werbung" könnte Sie z.B. zu der Frage führen, wie die Zusammenarbeit von Sponsor und Sportler sich konkret gestaltet.

Suchen Sie passende Literatur!

Suchen Sie Antworten auf Ihre Frage und/oder Argumente für Ihre Hypothese in der Forschung. Einige wenige Beiträge genügen, um Ihre Position zu stützen. Sie müssen nicht jeden Gedanken mit Forschungshinweisen belegen, allerdings sollen Sie Ihren Standpunkt überzeugend begründen.

Skizzieren Sie Ihre Argumentation!

Listen Sie Ihre Argumente in einer überzeugenden Reihenfolge auf. Stellen Sie sich vor, Sie müssten Ihre Behauptungen vor einem kritischen Publikum verteidigen:

- Mit welchem Argument würden Sie beginnen?
- Wie würden Sie Ihre Position begründen?
- Welche Argumente würden Sie besonders hervorheben?
- Welche Gegenargumente könnten Ihre Zuhörer vorbringen?
- Wie würden Sie darauf reagieren?

Schreiben Sie jetzt die Einleitung!

Jetzt beginnen Sie mit der Rohfassung Ihres Essays. Stellen Sie Ihre Frage/Hypothese zunächst in einen größeren Kontext. Führen Sie Ihren Leser dann ohne Umwege zur Frage/zur Hypothese.

Beispiel
Sie gehen der Frage nach, wie sich die konkrete Zusammenarbeit von Extremsportlern und Sponsoren gestaltet. Zunächst skizzieren Sie das wachsende Interesse an Extremsportarten und bringen einige Beispiele. Dann nennen Sie verschiedene Sponsoren, die mit Extremsportlern wer-

ben. Sie wählen als Beispiel den Getränkehersteller Red Bull. Sie zeichnen kurz die Debatte nach, die sich aus Anlass verschiedener schwerer Unfälle entwickelte, und fokussieren Ihre Fragestellung anschließend auf die Zusammenarbeit von Sponsor und Sportler. Zu dieser Frage entwickeln Sie mehrere Unterfragen, um die Kooperation zu analysieren.

Gliedern Sie den Hauptteil!

Den Hauptteil Ihres Essays gliedern Sie nach Ihren Argumenten. Erläutern Sie jedes Argument in *einem* Absatz. Treffen Sie pro Absatz zunächst *eine* Aussage, erklären Sie diese anschließend und führen Sie dann ein Beispiel an. Leiten Sie nun zur nächsten Aussage in einem neuen Absatz über.

Überprüfen Sie bei der Überarbeitung Ihres Textes, ob Ihre Argumentation widerspruchsfrei und für Ihren Leser nachvollziehbar ist. Enthält Ihr Text alle Informationen, die Ihr Leser zum Verständnis braucht?

Beziehen Sie Stellung!

Vertreten Sie Ihre Position klar und arbeiten Sie Ihre eigene Perspektive deutlich heraus. Sie dürfen in Ihrem Essay auch die „Ich" Form benutzen und Ihren Leser direkt ansprechen. Sie können Ihre leitende Fragestellung auch gelegentlich wiederholen und damit zeigen, dass alle Argumente auf die Beantwortung dieser Frage zulaufen.

Ziehen Sie ein Resümee!

Beschließen Sie Ihren Essay mit einer kurzen Zusammenfassung. Schlagen Sie den Bogen zurück zur Einleitung, indem

Sie die dort aufgeworfene Frage beantworten bzw. Ihre Hypothese als bewiesen ausweisen. Sie können gegebenenfalls auch noch erläutern, inwiefern Ihre Hypothese über das dargestellte Beispiel hinaus Gültigkeit beanspruchen kann.

Finden Sie eine treffende Überschrift!

Ganz zum Schluss formulieren Sie eine aussagekräftige Überschrift für Ihren Essay. Überlegen Sie, welche Schlagworte vorkommen sollten, damit der Leser sofort versteht, worum es in Ihrem Text geht.

Beispiel
Die Überschrift „Extremsport in der Werbung" benennt zwar bereits klar genug das Thema, Sie könnten es jedoch gegebenenfalls noch durch einen Zusatz schärfen: „Chance oder tödliches Risiko?"

13. Was tun bei Schreibblockaden?

13.1 Wie komme ich auf Ideen?

Um Ideen für Ihr Projekt zu finden, fangen Sie mit einer Materialsammlung an.

Notieren Sie Ihre Einfälle in einer Liste!

Schreiben Sie zunächst einfach alle Stichwörter auf, die Ihnen im Zusammenhang mit Ihrem Thema einfallen. Zensieren Sie Ihre Einfälle nicht, stellen Sie noch keine Ordnung her, sammeln Sie nur. Auf diese Weise geben Sie Ihren Gedanken und Assoziationen einen weiten Spielraum und öffnen sich für neue Ideen.

Nehmen wir an, Sie haben schon wiederholt überlegt, sich eine Ausstellung zu Gunther von Hagens Körperplastinaten anzuschauen, sich aber jedes Mal dagegen entschieden. Jetzt wollen Sie herausfinden, wie andere darüber denken und was für oder gegen solche Ausstellungen spricht. Dieses Thema können Sie nicht nur knapp in einem Essay, sondern auch ausführlich in einer Hausarbeit bearbeiten.

Notieren Sie zunächst mögliche Aspekte.

Beispiel
- menschliche Würde verletzt
- Menschen werden zu Waren
- Sind Plastinate noch Menschen?
- plastinierte Tiere versus plastinierte Menschen?
- Ausstellung: Geschäftemacherei
- Plastinate fördern Wissenschaft
- Man lernt den Körper kennen
- Herkunft der Leichen?
- Verkauf von Plastinaten?
- Inszenierung geschmacklos

Machen Sie eine Bestandsaufnahme!

Notieren Sie außerdem ungeordnet, was Sie schon alles über Ihr Thema wissen. Sie starten nie bei Null, oft ist Ihnen aber nicht bewusst, was Sie bereits gelesen/gehört/gesehen haben. Vielleicht haben Sie eine Fernsehsendung zum Thema gesehen oder ein Streitgespräch in der Presse verfolgt? Vielleicht sind Ihnen Ausstellungsplakate aufgefallen? Vielleicht haben Sie schon mit Besuchern solcher Ausstellungen gesprochen? Jedes Detail ist wichtig, weil es Ihnen Anregungen für weitere Recherchen bietet.

Stellen Sie Fragen!

Anschließend bilden Sie zu jedem Item/jedem Stichwort eine weiterführende Frage. So entdecken Sie Zusammenhänge und Implikationen Ihres Themas. Zum Thema „Körperplastinate" etwa könnten Sie folgende Fragen stellen:

Beispiel
- Wie werden Leichen konserviert?
- Sind konservierte Plastinate noch als Leichen anzusehen?
- Endet die menschliche Würde mit dem Tod oder wird sie durch den Handel mit Leichen verletzt?
- Dienen Ausstellung und Inszenierung von Plastinaten der Wissenschaft oder befriedigen sie nur die menschliche Schaulust?
- Wie haben Besucher auf die Ausstellungen reagiert?

Jetzt wählen Sie aus, welchen Pro- und Kontra-Argumenten Sie in Ihrer Arbeit nachgehen wollen.

Diskutieren Sie Ihr Thema!

Am besten entfalten sich Ihre Gedanken im Gespräch. Führen Sie mit einem Freund/einer Freundin eine kontroverse Diskussion, in der einer die Pro- und der andere die Kontra-Position vertritt. Wenn mehrere Teilnehmer an demselben Thema arbeiten, können Sie auch eine Gruppendiskussion initiieren, um noch mehr Ideen zu entwickeln.

Schreiben Sie einen Brief!

Wenn Ihnen noch nicht so recht klar ist, worum es in Ihrer Arbeit gehen soll, schreiben Sie einen Brief an einen Freund/eine Freundin. Erklären Sie in einfachen Worten, was Sie an Ihrem Thema interessiert, welche Fragen Sie stellen möchten und wie Sie Antworten finden könnten.

Sie werden sehen, dass sich das Chaos in Ihrem Kopf lichtet, sobald Sie Ihr Projekt für einen Leser/eine Leserin zu „Papier“ bringen. Schreibend klären Sie nämlich nach und nach Ihre

Gedanken, indem Sie Strukturen und Lösungswege entdecken.

13.2 Wie fange ich an?

Wie Sie Ihr Projekt Schritt für Schritt angehen, haben Sie schon in Kapitel 1 erfahren. Es gibt aber ein paar Tricks, wie Sie sich den Start erleichtern können.

Malen Sie ein Mindmap!

Mit Hilfe eines einfachen Mindmaps (vgl. Kap. 3.8.2) bringen Sie eine vorläufige Ordnung in Ihre Gedanken. Wenn diese Ordnung Sie noch nicht überzeugt, schreiben Sie das Mindmap um. Diese visuelle Darstellung hilft Ihnen, Schwerpunkte zu erkennen, Lücken zu entdecken und durch die Zusammenfassung der Ideen zu Gruppen eine erste grobe Struktur für die Arbeit zu finden.

Finden Sie Überschriften!

Geben Sie jeder Gedankenblase (chunk) Ihres Mindmaps einen vorläufigen Titel. So gewinnen Sie einen Überblick über mögliche Kapitel. Treffende Formulierungen spielen dabei noch keine Rolle, denn es geht zunächst nur darum festzulegen, worum es in den einzelnen Kapiteln gehen soll.

Beim Thema „Körperplastinate" haben Sie z.B. folgende Stichworte zu einer Gruppe zusammengefasst:

Emotionalisierung, nachgestellte Szenen, Effekte, Lebensechtheit, informativ, Interaktion der Körper, Anschaulichkeit. Dieser Gruppe geben Sie nun den Titel „Ausstellungsmerkmale".

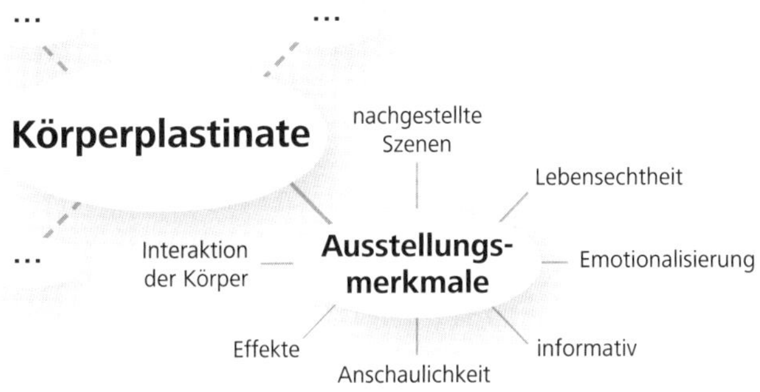

Abb. 36: Chunk zum Schwerpunkt „Ausstellungsmerkmale"

Auf diese Weise generieren Sie bereits erste Kapitelüberschriften, die Sie später wo nötig präzisieren können.

Wählen Sie ein Ritual!

Oft ist das Anfangen das größte Problem beim Schreiben. Meistens ist es hilfreich, nicht direkt mit der Textformulierung zu beginnen, sondern erst einmal in den eigenen Notizen zu blättern, ein Selbstgespräch über die nächsten Schritte zu führen oder einen lockeren 3-Minuten-Text zu skizzieren.

Rituale zum Schreibbeginn setzen fast alle Schriftsteller ein. Überlegen Sie, was Ihre Konzentration fördern könnte und probieren Sie es aus. Legen Sie eine leise Musik auf (Kopfhörer in der Bibliothek), betrachten Sie ein anregendes Urlaubsbild, kritzeln Sie auf einem Stück Papier, räumen Sie Ihren Arbeitsplatz auf, trinken Sie Tee … Egal wie gewöhnlich oder ungewöhnlich Ihr Ritual aussieht, wichtig ist allein, dass es Sie zum Schreiben bereit macht.

Schreiben Sie einen 3-Minuten-Text!

Das Free Writing ist ein bewährtes Verfahren, um den Übergang ins „ernsthafte" Schreiben zu erleichtern. Schreiben Sie 3 Minuten lang alles auf, was Ihnen durch den Kopf geht. Nehmen Sie sich bewusst kein Thema vor, sondern notieren Sie Ihre Gedanken unzensiert und so schnell wie möglich. Der sprachliche Ausdruck spielt hierbei keine Rolle, Grammatik und Rechtschreibung sind gleichgültig. Nach 3 Minuten legen Sie Ihr Gedankenprotokoll beiseite, ohne es durchzulesen.

Beginnen Sie jede Schreibsession mit dieser kleinen Fingerübung und Sie werden sehen, dass Ihnen der Übergang ins Schreiben Ihrer Arbeit leichter fällt, weil Sie jetzt den Kopf frei haben und nebenbei bereits ins Schreiben gekommen sind.

Formulieren Sie einen Arbeitsauftrag!

Richtig loslegen können Sie nur, wenn Sie genau wissen, was Sie tun sollen. Und weil niemand Ihnen einen konkreten Arbeitsauftrag gibt, müssen Sie es selber tun. Formulieren Sie für jede neue Schreibsession schriftlich einen kurzen Arbeitsauftrag. Der Auftrag lautet nicht „Schreib die nächsten 2 Seiten", sondern z.B. „Gunther von Hagens Technik der Plastination kurz vorstellen (ca.1/2 Seite)". Es geht also darum, den Arbeitsauftrag immer inhaltlich konkret zu fassen. Am besten schreiben Sie Ihren Arbeitsauftrag für den nächsten Tag schon am Vorabend auf, damit Sie dann am nächsten Tag nach Ihrem kleinen Ritual direkt loslegen können.

Notieren Sie Kernsätze!

Formulieren Sie vor dem Schreiben für jede Information/Behauptung, die Sie vortragen wollen, einen vollständigen Satz.

Auch hier spielt die Wortwahl zunächst keine Rolle, es kommt nur auf den Inhalt an. Bringen Sie dann diese Sätze in eine sinnvolle Reihenfolge. Sorgen Sie dafür, dass Ihr Leser Ihrer Argumentation möglichst leicht folgen kann.

Jetzt haben Sie einen Fahrplan für Ihren Text, den Sie Schritt für Schritt, Satz für Satz abarbeiten können, indem Sie die Sätze genauer erklären, Beispiele einfügen und gegebenenfalls Pro und Kontra diskutieren.

Sprechen Sie Ihren Text auf Band!

Wenn Ihnen das Anfangen besonders schwerfällt, erzählen Sie einem Gesprächspartner/einer Gesprächspartnerin das, was Sie schreiben wollen, und nehmen Sie das Ganze auf. Dann tippen Sie das Gesagte ab und gewinnen so einen Ausgangstext, an dem Sie weiterarbeiten können. Da dieses Vorgehen aufwändig ist, empfiehlt es sich, es immer nur am Anfang einer Schreibsession einzusetzen. Wenn Sie erst einmal einen Anfang gemacht haben, fällt das Weiterschreiben meist leichter.

Betrachten Sie Ihre erste Hausarbeit als Übung!

Manchmal hat man Angst, sich mit einem schlechten Text zu blamieren und zögert deshalb den Anfang immer wieder hinaus. Auch die Furcht, noch nicht genug zu wissen, behindert das Schreiben. Machen Sie sich klar, dass Ihre erste Hausarbeit für Sie eine *Übung* im wissenschaftlichen Arbeiten und Schreiben ist. Sie müssen noch nicht alles können und auch nicht alles gelesen haben. Es genügt, wenn Ihre Arbeit eine sinnvolle Fragestellung zielführend beantwortet und dabei relevante Forschung verarbeitet.

Schreiben Sie für einen Adressaten!

Stellen Sie sich beim Schreiben immer einen konkreten Adressaten vor, am besten eine wohlwollende interessierte Leserin aus Ihrem persönlichen Umfeld. Schreiben Sie so, dass Ihre Leserin Ihnen folgen kann und versteht, worum es geht. Mit einem konkreten Adressaten vor Augen wird Ihr Text „von selber" argumentativ klarer und im Ausdruck schlüssiger. Probieren Sie es aus!

13.3 Und wenn ich stecken bleibe?

Vielen Schreibenden fällt es schwer, nach einer Pause wieder ins Schreiben zu kommen. Probieren Sie verschiedene Tricks aus.

Lesen und schreiben Sie laut!

Lesen Sie sich die letzten zwei oder drei Zeilen Ihres Textes laut vor und schreiben Sie anschließend die nächsten drei oder vier Sätze „laut" weiter, sprechen Sie Ihren Text also während des Schreibens mit. Achten Sie aber darauf, wirklich nur die letzten zwei oder drei Zeilen noch einmal zu lesen, ansonsten geraten Sie leicht in eine ungewollte Verbesserungsschleife.

Nutzen Sie die Crash-Technik!

Manchmal tüftelt man an einem einzigen Textstück endlos lange erfolglos herum. Versuchen Sie in diesem Fall nicht, Ihren misslungenen Absatz unbedingt zu optimieren. Stellen Sie sich stattdessen vor, Ihr Computer sei abgestürzt und der Text unrettbar verloren. Sie müssen ihn also aus der Erinnerung, ohne Vorlage, neu schreiben. Meistens gelingt ein solcher Neuansatz problemloser und das Ergebnis kann sich sehen lassen.

13.4 Wie besiege ich meinen inneren Kritiker?

Wer kennt das nicht? Kaum hat man einen Satz geschrieben, meldet sich die innere Stimme mit Kritik und Zweifeln: „Das klingt blöd. Stimmt das überhaupt? Kann man das so sagen? Passt das hierher?"

Geben Sie Ihrem Kritiker eine Stimme!

Es hilft nichts, den inneren Kritiker totzuschlagen; er steht immer wieder auf. Geben Sie ihm stattdessen eine Stimme, indem Sie seine Einwürfe notieren. Legen Sie für jeden möglichen Kritikpunkt ein eigenes Kürzel fest und fügen Sie es immer dort in Klammern in Ihren Text ein, wo Ihr Kritiker sich meldet:

L = Logik?
A = Ausdruck
G = Grammatik?
? = fehlt hier etwas?
Z = Zitat einfügen
B = Beispiel einfügen.

Sobald Sie Ihren ersten Textentwurf geschrieben haben, gehen Sie die Anmerkungen Ihres Kritikers durch und verbessern und ergänzen Sie Ihren Text wo nötig. Dieser Umgang mit Ihrem inneren Kritiker, der vor allem Perfektionisten zu empfehlen ist, unterbricht Ihren Schreibfluss nicht und nutzt trotzdem die oftmals nützlichen kritischen Einwände.

Werden Sie Ihr eigener Schreibcoach!

Bewusst oder unbewusst nutzen Sie immer schon Ihre eigenen Schreiberfahrungen bei der Planung und Durchführung Ihres Schreibprojekts. Diese Erfahrungen sollten Sie sich bewusst machen und sie einsetzen, um als wohlwollender Begleiter Ihren Arbeitsprozess zu fördern. Studien haben gezeigt, dass erfahrene Schreibende den Dialog mit sich selber aktiver nutzen als Schreibanfänger.

Treten Sie bei jedem Arbeitsschritt mit sich selber in einen inneren Dialog.

INNERER DIALOG BEIM SCHREIBEN
- Was ist mein nächster Schritt?
- Wo will ich hin?
- Wo fange ich an?
- Welche Punkte will ich heute darstellen?
- In welcher Reihenfolge?
- Welche Beispiele habe ich parat?
- Was fehlt noch?

Die Antworten auf Ihre Fragen sind zunächst sachorientiert:

Beispiel
Heute erkläre ich zunächst einmal, wie die Plastination überhaupt funktioniert. Dafür habe ich einen kurzen Artikel gefunden, den ich zusammenfasse. Am besten mache ich das zuerst und schreibe erstmal nur die einzelnen Schritte auf, wie so eine Konservierung vor sich geht.

Andererseits kann Ihr innerer Dialog Ihr Schreiben auch positiv kommentieren:

Beispiel
So, das hab ich schon mal hingekriegt; jetzt muss ich die Sätze nur noch sinnvoll verbinden. Das ging ja schnell, da kann ich jetzt sogar noch die Argumente, die für die „Körperwelten" sprechen, zusammenstellen und mir dafür eine

Reihenfolge überlegen. Sollte ich besser mit den schwächsten Argumenten anfangen oder mit den stärksten?

Wenn Sie allein in einem Raum arbeiten, können Sie diese Dialoge auch laut führen. Das führt meist zu einer rascheren Klärung, weil mehrere Sinne aktiv sind.

Mut zum Müll!

Nur wenn Sie sich erlauben, auch schlechte Texte zu produzieren, kommt Ihr Schreiben in Gang. Versuchen Sie nicht, beim ersten Entwurf druckreif zu formulieren oder die perfekte Argumentation hinzulegen. Dieser erste Entwurf, die Rohfassung, ist nicht mehr als eine Arbeitsgrundlage, die Sie später in mehreren Schritten weiterbearbeiten werden. Dafür aber brauchen Sie unbedingt eine erste vorläufige Textgrundlage.

Nutzen Sie Ihre erste Hausarbeit als Übungsfeld, um das Schreiben zu trainieren. Sammeln Sie möglichst viele Schreiberfahrungen und denken Sie daran:

Schreiben lernt man nur durch Schreiben!

Literaturverzeichnis

Hier finden Sie ausgewählte Bücher zum wissenschaftlichen Schreiben.

Aeppli, Jürg, Gasser, Luciano, Gutzwiller, Eveline, Tettenborn, Annette: Empirisches wissenschaftliches Arbeiten. Ein Studienbuch für die Bildungswissenschaften. 3.Aufl., Bad Heilbrunn, 2014.

Esselborn-Krumbiegel, Helga: Von der Idee zum Text. Eine Anleitung zum wissenschaftlichen Schreiben. 5. Aufl., Paderborn 2017.

Esselborn-Krumbiegel, Helga: Richtig wissenschaftlich schreiben. Wissenschaftssprache in Regeln und Übungen. 5. Aufl., Paderborn 2017.

Esselborn-Krumbiegel, Helga: Tipps und Tricks bei Schreibblockaden. Paderborn 2015.

Lange, Ulrike: Fachtexte lesen – verstehen – wiedergeben. Paderborn 2013.

Macgilchrist, Felicitas: Academic Writing. Paderborn 2014.

Püschel, Edith: Selbstmanagement und Zeitplanung. 2. Aufl., Paderborn 2017.

Schindler, Kirsten: Klausur, Protokoll, Essay. Kleine Texte optimal verfassen. Paderborn 2011.

Staaden, Steffi: Rechtschreibung und Zeichensetzung endlich beherrschen. 2. Aufl., Paderborn 2016.

Register